LES CHASSEURS

DE

CHEVELURES

PAR

LE CAPITAINE MAYNE-REID

TRADUIT PAR

ALLYRE BUREAU

Traduction et reproduction interdites, suivant les traités.

2

PARIS

LOCARD-DAVI ET DE VRESSE

16, RUE DE L'HIRONDELLE

1854

LES

CHASSEURS DE CHEVELURES

EN VENTE CHEZ LES MÊMES ÉDITEURS

ADIEUX AU MONDE
MÉMOIRES
DE CÉLESTE MOGADOR
8 volumes.

Ces Mémoires sont la vie d'une femme que tout le monde connaît. La vie de cette femme, devenue grande dame, est racontée par elle-même, dans tous ses détails, sans mystères, sans voile, sans restrictions, à titre d'enseignement aux pauvres filles abandonnées de la fortune et de leurs parents.

Cet ouvrage est complètement inédit, et n'a paru dans aucun journal.

LA DAME AUX PERLES
Par Alex. DUMAS, fils. — 4 vol.

On se souvient de l'immense succès de la **Dame aux Camélias**; M. Alexandre Dumas, fils, a donné un pendant à son chef-d'œuvre en écrivant la **Dame aux Perles**. Ce n'est plus seulement un roman de jeunesse, c'est une étude du cœur humain dans ses replis les plus secrets.

HEURES DE PRISON
Par madame LAFARGE (née Marie Capelle). — 3 vol.

Le nom seul de madame Lafarge dit ce qu'est cet ouvrage. Quelle que soit l'opinion que l'on se soit faite sur elle, qu'on la croie innocente ou coupable, il est impossible de rester indifférent à ces récits entraînants où la magie du style s'unit à la force des pensées.

DU SOIR AU MATIN
Par A. DU CASSE. — 1 vol.

Initier les personnes qui n'ont jamais fait partie de l'armée à quelques habitudes de la vie militaire, rappeler à ceux qui ont été soldats quelques souvenirs de garnison, retracer pour ceux qui sont encore au service quelques scènes de leur vie intime, amuser un peu tout le monde, voilà quel est le but de ce livre.

LES
PETITS-FILS DE LOVELACE
Par Amédée ACHARD. — 3 vol.

Les qualités qui distinguent cette œuvre placent M. Amédée Achard au rang de nos romanciers de premier ordre. C'est un de ces drames effrayants de la vie du grand monde dont Balzac nous a, le premier, révélé les mystères.

LES CHASSEURS

DE

CHEVELURES

PAR

LE CAPITAINE MAYNE-REID

TRADUIT PAR

ALLYRE BUREAU

Traduction et reproduction interdites, suivant les traités.

2

PARIS
LOCARD-DAVI ET DE VRESSE
16, RUE DE L'HIRONDELLE

1854

CHAPITRE XIII

Amour.

Je voudrais pouvoir renfermer en dix mots l'histoire des dix jours qui suivirent. Je tiens à ne pas fatiguer le lecteur de tous les détails de mon amour; de mon amour qui, dans l'espace de quelques heures, avait atteint les limites de la passion la plus ardente et la plus profonde.

J'étais jeune alors ; j'étais à l'âge auquel on est le plus vivement impressionné par des événements romanesques du genre de ceux au milieu desquels j'avais rencontré cette charmante enfant ; à cet âge où le cœur, sans soucis de l'avenir, s'abandonne irrésistiblement aux attractions électriques de l'amour. Je dis électriques ; je crois en effet que les sympathies que l'amour fait éclater entre les jeunes gens sont des phénomènes purement électriques.

Plus tard, la puissance de ce fluide se perd ; la raison gouverne alors. Nous avons conscience de la mutabilité possible des affections, car nous avons l'expérience des serments rompus, et nous perdons cette douce confiance qui fait toute la force de l'amour dans la jeunesse. Nous devenons impérieux ou jaloux, suivant que nous croyons gagner ou perdre du terrain. L'amour de l'âge mûr est mélangé d'un grossier alliage qui altère son caractère divin.

L'amour que je ressentis alors fut, je puis le dire, ma première passion véritable. J'avais cru quelquefois aimer auparavant, mais j'avais été le jouet d'illusions passagères; illusions d'écolier de village qui voyait le ciel dans les yeux brillants de sa timide compagne de classe, ou qui, par hasard, à quelque pique-nique de famille, dans un vallon romantique, avait cueilli un baiser sur les joues roses d'une jolie petite cousine.

Mes forces renaissaient avec une rapidité qui surprenait grandement mon savant amateur de plantes. L'amour ranimait et alimentait le foyer de la vie. L'esprit réagit sur la matière, et il est certain, quoi qu'on en puisse dire, que le corps est soumis à l'influence de la volonté. Le désir de guérir, de vivre pour un objet aimé, est souvent le plus efficace de tous les remèdes : c'était le mien.

Ma vigueur revint, et je commençai à pouvoir me lever. Un coup d'œil dans la glace me prouva que je reprenais des couleurs.

L'instinct pousse l'oiseau à lisser ses ailes et à donner le plus brillant éclat à son plumage, pendant tout le temps où il courtise sa femelle. Le même sentiment me rendait très soigneux de ma toilette. Mon porte-manteau fut vidé, mes rasoirs tirés de leur étui, ma longue barbe disparut, et mes moustaches furent réduites à des proportions raisonnables.

Je fais ici ma confession complète. On m'avait dit que je n'étais pas laid, et je croyais ce que l'on m'avait dit. Je suis homme, et j'ai la vanité de l'homme.

N'êtes-vous pas ainsi?

Quant à Zoé, enfant de la nature encore endormie dans la plus complète innocence, elle n'avait pas de ces préoccupations. Les artifices de la toilette n'occupaient point sa pensée. Elle n'avait nulle conscience des grâces dont elle était si abondamment pourvue. Son père, le vieux botaniste des *pueblos péons* et les valets de la maison étaient, à ce que j'appris, les seuls hommes qu'elle eût jamais vus, jusqu'à mon arrivée. Depuis nombre d'années sa mère et elle vivaient dans leur intérieur, aussi renfermées que si elles eussent été recluses dans un couvent. Il y avait là un mystère qui ne me fut révélé que plus tard.

C'était donc un cœur virginal, pur et

sans tache, un cœur dont les doux rêves n'avaient point encore été troublés par les éclairs de la passion, contre la sainte innocence duquel le dieu des amours n'avait encore décoché aucun de ses traits.

Appartenez-vous au même sexe que moi ? Avez-vous jamais désiré conquérir un cœur comme celui-là ? Si vous pouvez répondre affirmativement à cette question, je n'ai pas besoin de vous dire ce dont vous aurez gardé, comme moi, le souvenir : à savoir que tous les efforts que vous aurez pu faire pour arriver à un tel but ont été inutiles. Vous avez été aimé tout de suite, ou vous ne l'avez jamais été.

Le cœur de la vierge ne se conquiert

pas par les subtilités de la galanterie. Il ne fait pas de ces demi-avances que vous pouvez rendre décisives par de tendres assiduités. Un objet l'attire ou le repousse, et l'impression est instantanée comme la foudre. C'est un coup de dé. Le sort s'est prononcé pour ou contre vous. Dans ce dernier cas, ce que vous avez de mieux à faire, c'est de quitter la partie. Aucun effort ne triomphera de l'obstacle et n'éveillera les émotions de l'amour. Vous pourrez gagner l'amitié; l'amour, jamais. Vos coquetteries avec d'autres n'éveilleront aucun sentiment de jalousie; aucuns sacrifices ne parviendront à vous faire aimer. Vous pouvez conquérir des mondes, mais vous n'aurez aucune action sur les battements silencieux et secrets de ce jeune cœur. Vous pouvez devenir un héros chanté dans toutes les langues, mais celui dont l'image aura rempli la pensée de la jeune fille sera son seul héros, plus grand, plus noble pour elle que tous les autres.

Celui qui possédera cette chère petite créature la possédera tout entière, quelque humble de condition, quelque indigne qu'il puisse être. Chez elle, il n'y aura ni retenue, ni raisonnement, ni prudence, ni finesse. Elle cédera tout simplement aux impulsions mystérieuses de la nature. Sous cette influence, elle portera son cœur tout entier sur l'autel, et se dévouera, s'il le faut, au plus cruel sacrifice.

En est-il ainsi des cœurs plus avancés

dans la vie, qui ont déjà subi plus d'un assaut? Avec les *belles*, les coquettes? Non. Soyez repoussé par une de ces femmes, ce n'est pas un motif pour vous désespérer. Vous pouvez avoir des qualités qui, avec le temps, transformeront les regards sévères en sourires. Vous pouvez faire de grandes choses; vous pouvez acquérir de la renommée; et au dédain qui vous a d'abord accueilli succèdera peut-être une humilité qui mettra cette femme à vos pieds. C'est encore de l'amour, sans doute, de l'amour violent même, basé sur l'admiration qu'inspire quelque qualité intellectuelle, ou même physique, dont vous aurez fait preuve. C'est un amour qui prend pour guide la raison, et non ce mystérieux instinct auquel obéit seulement le premier. Quel est celui de ces deux amours dont l'homme doit le plus s'enorgueillir? Duquel sommes-nous les plus fiers? Du dernier? Hélas! non. Et que celui qui nous a faits ainsi réponde pourquoi; mais je *n'ai jamais rencontré un seul homme qui ne préférât être aimé pour les agréments de sa personne plutôt que pour les qualités de son esprit.* Vous pouvez trouver mauvais que je fasse cette déclaration; vous pouvez protester contre. Elle n'en reste pas moins vraie. Oh! il n'y a pas de joie plus douce, de triomphe plus enivrant que de serrer contre son sein la tremblante petite captive dont le cœur est agité des innocentes pulsations d'un amour de jeune fille!

Ce sont là des réflexions faites après

coup. A l'époque dont je retrace l'histoire, j'étais trop jeune pour raisonner ainsi; trop peu familiarisé avec la diplomatie de la passion. Néanmoins, mon esprit, alors, se jeta dans de longues suites de raisonnements, et je combinai des plans nombreux pour arriver à découvrir si j'étais aimé.

Il y avait une guitare dans la maison. Pendant que j'étais au collége, j'avais appris à jouer de cet instrument, dont les sons charmaient Zoé et sa mère. Je leur disais des airs de mon pays, des chants d'amour; et, le cœur battant, j'épiais sur sa physionomie l'effet que pouvaient produire les phrases brûlantes de ces romances. Plus d'une fois, j'avais posé là l'instrument avec un désappointement complet.

De jour en jour, mes réflexions devenaient plus tristes. Se pouvait-il qu'elle fût trop jeune pour comprendre la signification du mot amour? trop jeune pour éprouver ce sentiment? Elle n'avait que douze ans, il est vrai ; mais c'était une fille des pays chauds, et j'avais vu souvent, sous le ciel brûlant du Mexique, des épouses, des mères de famille qui n'avaient que cet âge.

Tous les jours nous sortions ensemble. Le botaniste était occupé de ses travaux, et la mère se livrait silencieusement aux soins de l'intérieur.

L'amour n'est pas aveugle. Il peut être tout ce que l'on voudra au monde; mais pour tout ce qui concerne l'objet aimé, il a les yeux, toujours éveillés, d'Argus.

. . . .

Je maniais habilement le crayon, et j'amusais ma compagne en faisant des croquis sur des carrés de papier et sur les feuilles blanches de ces cahiers de musique. La plupart de ces croquis représentaient des figures de femmes, dans toutes sortes d'attitudes et de costumes. Elles se ressemblaient toutes par les traits du visage.

L'enfant, sans en deviner la cause, avait remarqué cette particularité.

Pourquoi cela? — demanda-t-elle un jour que nous étions assis l'un près de l'autre. — Ces femmes ont toutes des costumes différents, elles sont de différentes nations, n'est-ce pas? Et pourtant elles se ressemblent toutes? Elles ont les mêmes traits ; mais tout à fait les même traits, je crois?

— C'est votre figure, Zoé ; je ne puis pas en dessiner d'autre.

Elle leva ses grands yeux, et les fixa sur moi avec une expression d'étonnement naïf ; mais sa physionomie ne trahissait aucun embarras.

— Cela me ressemble?

— Oui, autant que je puis le faire.

— Et pourquoi ne pouvez-vous pas dessiner d'autres figures ?

— Pourquoi ? parce que je... — Zoé, je crains que vous ne me compreniez pas.

— Oh ! Henri, croyez-vous donc que je sois une si mauvaise écolière ? Est-ce que je ne comprends pas tout ce que vous me racontez des pays lointains que vous avez parcourus ? Sûrement, je comprendrai cela tout aussi bien...

— Alors, je vais vous le dire, Zoé.

Je me penchai en avant, le cœur ému et la voix tremblante.

— C'est parce que votre figure est toujours devant mes yeux ; je ne puis pas en dessiner d'autre. C'est que... *je vous aime*, Zoé !....

— Oh ! c'est là la raison ? Et, quand vous aimez quelqu'un, sa figure est toujours devant vos yeux, que cette personne soit présente ou non ? Est-ce ainsi ?

— C'est ainsi, — répondis-je, tristement désappointé.

— Et c'est cela qu'on appel l'amour, Henri ?

— Oui.

—Alors je dois *vous aimer*, car, quelque part que je sois, je vois toujours votre figure, comme si elle était devant moi ! Si je savais me servir du crayon comme vous, je suis sûre que je pourrais la dessiner, quand même vous ne seriez pas là ! Eh bien ! alors, est-ce que vous pensez que je vous aime, Henri ?

La plume ne pourrait rendre ce que j'éprouvai en ce moment. Nous étions assis et la feuille de papier sur laquelle étaient les croquis était étendue entre nous deux. Ma main glissa sur la surface jusqu'à ce que les doigts de ma compagne, qui n'opposait aucune résistance, fussent serrés dans les miens. Une commotion violente résulta de ce contact électrique. Le papier tomba sur le plancher, et, le cœur tremblant mais rempli d'orgueil, j'attirai sur mon sein la charmante créature qui se laissait faire.

Nos lèvres se rencontrèrent dans un premier baiser.

Je sentis son cœur battre contre ma poitrine. Oh! bonheur! joies du ciel! j'étais le *souverain de ce cher petit cœur!*...

CHAPITRE XIV

Lumière et ombre.

La maison que nous habitions occupait le milieu d'un enclos carré qui s'étendait jusqu'au bord de la rivière de Del-Norte. Cet enclos, qui renfermait un parterre et un jardin anglais, était défendu de tous

côtés par de hauts murs en *adobé*. Le faîte
de ces murs était garni d'une rangée de
cactus dont les grosses branches épineuses
formaient d'infranchissables *chevaux de
frise*. On n'arrivait à la maison et au jardin que par une porte massive munie
d'un guichet, laquelle, ainsi que je l'avais
remarqué, était toujours fermée et barri-
cadée. Je n'avais nulle envie d'aller dehors. Le jardin, qui était fort grand,
limitait mes promenades; souvent je m'y
promenais avec Zoé et sa mère, et plus
souvent encore avec Zoé seule.

On trouvait dans cette enceinte plus
d'un objet intéressant. Il y avait une
ruine, et la maison elle-même gardait encore les traces d'une ancienne splendeur

effacée. C'était un grand bâtiment dans le style moresque-espagnol, avec un toit plat (*azotea*) bordé d'un parapet crénelé sur la façade. Ça et là, l'absence de quelqu'une des dents de pierre de ces crénaux accusait la négligence et le délabrement.

Le jardin était rempli de symptômes analogues; mais dans ces ruines mêmes on trouvait un éclatant témoignage du soin qui avait présidé autrefois à l'installation de ces statues brisées, de ces fontaines sans eaux, de ces berceaux effondrés, de ces grandes allées envahies par les mauvaises herbes, et dont les restes accusaient à la fois la grandeur passée et l'abandon présent. On avait réuni là beaucoup d'arbres d'espèces rares et exotiques; mais il y avait quelque chose de sauvage dans l'aspect de leurs fruits et de leurs feuillages. Leurs branches entrelacées formaient d'épais fourrés qui dénotaient l'absence de toute culture. Cette sauvagerie n'était pas dénuée d'un certain charme; en outre, l'odorat était agréablement frappé par l'arome de milliers de fleurs, dont l'air était continuellement embaumé.

Les murs du jardin aboutissaient à la rivière et s'arrêtaient là; car la rive, coupée à pic, et la profondeur de l'eau qui coulait au pied, formaient une défense suffisante de ce côté.

Une épaisse rangée de cotonniers bordait le rivage, et, sous leur ombre, on avait placé de nombreux siéges de maçonnerie vernissée, dans le style propre aux contrées espagnoles. Il y avait un escalier taillé dans la berge, au-dessus duquel pendaient les branches d'arbustes pleureurs, et qui conduisait jusqu'au bord de l'eau. J'avais remarqué une petite barque amarrée sous les saules, auprès de la dernière marche.

De ce côté seulement, les yeux pouvaient franchir les limites de l'enclos. Le point de vue était magnifique, et commandait le cours sinueux du Del-Norte à la distance de plusieurs milles.

Le pays, de l'autre côté de la rivière,

paraissait inculte et inhabité. Aussi loin que l'œil pouvait s'étendre, le riche feuillage du cotonnier garnissait le paysage, et couvrait la rivière de son ombre. Au sud, près de la ligne de l'horizon, une flèche solitaire s'élançait du milieu des massifs d'arbres. C'était l'église d'*El Paso del Norte*, dont les coteaux couverts de vignes se confondaient avec les plans intérieurs du ciel lointain. A l'est, s'élevaient les hauts pics des montagnes Rocheuses; la chaîne mystérieuse des *Organos*, dont les lacs sombres et élevés, avec leurs flux et reflux, impriment à l'âme du chasseur solitaire une superstitieuse terreur.

A l'ouest, tout au loin, et à peine visibles, les rangées jumelles des Mimbres, ces montagnes d'or, dont les défilés résonnent si rarement sous le pas de l'homme. Le trappeur intrépide lui-même rebrousse chemin quand il approche de ces contrées inconnues qui s'étendent au nord-ouest du Gila : c'est le pays des Apachès et des Navajoes anthropophages.

. . . .

Chaque soir nous allions sous les bosquets de cotonniers, et, assis près l'un de l'autre sur un des bancs, nous admirions ensemble les feux du soleil couchant. A ce moment de la journée nous étions toujours seuls, moi et ma petite compagne.

Je dis ma petite compagne, et cependant, à cette époque, j'avais cru voir en elle un changement soudain; il me semblait que sa taille s'était élevée, et que les lignes de son corps accusaient de plus en plus les contours de la femme! A mes yeux, ce n'était plus une enfant. Ses formes se développaient, les globes de son sein soulevaient son corsage par des ondulations plus amples, et ses gestes prenaient ces allures féminines qui commandent le respect. Son teint se rehaussait de plus vives couleurs, et son visage revêtait un éclat plus brillant de jour en jour. La flamme de l'amour, qui s'échappait de ses grands yeux noirs, ajoutait encore à leur humide éclat. Il s'opérait une transformation dans son âme et dans son corps, et cette transformation était l'œuvre de l'amour. Elle était sous l'influence divine !

. . . .

Un soir, nous étions assis, comme d'habitude, sous l'ombre solennelle d'un bosquet. Nous avions pris avec nous la guitare et la mandoline, mais à peine en avions-nous tiré quelques notes, la musique était oubliée et les instruments reposaient sur le gazon à nos pieds. Nous préférions à tout la mélodie de nos propres voix. Nous étions plus charmés par l'expression de nos sentiments intimes que par celle des chants les plus tendres.

Il y avait assez de musique autour de

nous : le bourdonnement de l'abeille sauvage, disant adieu aux corolles qui se fermaient, le « whoûp » du *gruya* dans les glaïeuls lointains ; et le doux roucoulement des colombes perchées par couples sur les branches des arbres voisins et se murmurant comme nous leurs amours.

Le feuillage des bois avait revêtu les tons chauds et variés de l'automne. L'ombre des grands arbres se jouait sur la surface de l'eau, et diaprait le courant calme et silencieux. Le soleil allait atteindre l'horizon, le clocher d'*el Paso*, réfléchissant ses rayons, scintillait comme une étoile d'or. Nos yeux erraient au hasard, et s'arrêtaient sur la girouette étincelante.

— L'église! — murmura ma compagne, comme se parlant à elle-même. — C'est à peine si je puis me rappeler comment elle est. Il y a si longtemps que je ne l'ai vue !

— Depuis combien de temps, donc ?

— Oh! bien des années, bien des années; j'étais toute jeune alors.

— Et depuis lors vous n'avez pas dépassé l'enceinte de ces murs ?

— Oh! si fait. Papa nous a conduites souvent en bateau, en descendant la rivière ; mais pas dans ces derniers temps.

— Et vous n'avez pas envie d'aller là-bas dans ces grands bois si gais?

— Je ne le désire pas. Je suis heureuse ici.

— Mais serez-vous toujours heureuse ici?

— Et pourquoi pas, Henri? Quand vous êtes près de moi, comment ne serais-je pas heureuse!

— Mais quand...

Une triste pensée sembla obscurcir son esprit. Tout entière à l'amour, elle n'avait jamais réfléchi à la possibilité de mon départ, et je n'y avais pas réfléchi plus qu'elle. Ses joues pâlirent soudainement, et je lus une profonde douleur dans ses yeux qu'elle fixa sur moi ; mais les mots étaient prononcés.

— .... Quand il faudra que je vous quitte ?

Elle se jeta entre mes bras avec un cri aigu, comme si elle avait été frappée au cœur, et, d'une voix passionnée, cria :

— Oh ! mon Dieu ! mon Dieu ! me quitter ! me quitter ! — Oh ! vous ne me quitterez pas ? vous qui m'avez appris à aimer. — Oh ! Henri, pourquoi m'avez-vous dit que vous m'aimiez ? pourquoi m'avez-vous *enseigné l'amour ?*

—Zoé !

— Henri ! Henri ! Dites que vous ne me quitterez pas ?

—Jamais ! Zoé ; je vous le jure ! Jamais ! jamais !

Il me sembla entendre à ce moment le bruit d'un aviron. Mais l'agitation violente de la passion, le contact de ma bien-aimée, qui, dans le transport de ses craintes, m'avait enlacé de ses deux bras, m'empêchèrent de tourner les yeux vers le bord.

C'est sans doute un *osprey* (1) qui plonge, pensai-je, et, ne m'occupant plus de cela, je me laissai aller à l'extase d'un long et enivrant baiser. Au moment où je relevais la tête, une forme qui s'élevait de la rive frappa mes yeux : un noir sombrero bordé d'un galon d'or. Un coup d'œil me suffit pour reconnaître celui qui le portait : c'était Séguin.

Un instant après, il était près de nous.

— Papa ! s'écria Zoé, se levant tout à coup et se jetant dans ses bras.

Le père la retint auprès de lui en lui

(1) Aigle-pêcheur.

prenant les deux mains qu'il tint serrées dans les siennes. Pendant un moment il garda le silence, fixant sur moi un regard dont je ne saurais rendre l'expression. C'était un mélange de reproche, de douleur et d'indignation. Je m'étais levé pour aller à sa rencontre ; mais ce regard étrange me cloua sur place, et je restai debout, rougissant et silencieux.

— Et c'est ainsi que vous me récompensez de vous avoir sauvé la vie ? Un noble remercîment, mon cher monsieur, qu'en pensez-vous ?

Je ne répondis pas.

— Monsieur, — continua-t-il, la voix

tremblante d'émotion, — vous ne pouviez pas m'offenser plus cruellement.

— Vous vous trompez, monsieur; je ne vous ai point offensé.

— Comment qualifiez-vous votre conduite? Abuser mon enfant!

— Abuser?—m'écriai-je,—sentant mon courage revenir sous cette accusation.

— Oui, abuser!... Ne vous êtes-vous pas fait aimer d'elle?

— Je me suis fait aimer d'elle loyalement.

— Fi! monsieur, c'est une enfant et

non pas une femme. Vous en faire aimer loyalement! Sait-elle seulement ce que c'est que l'amour?

— Papa, je sais ce que c'est que l'amour. Je le sais depuis plusieurs jours. Ne soyez pas fâché contre Henri, car je l'aime! oh! papa! je l'aime de tout mon cœur!

Il se tourna vers elle, et la regarda avec étonnement.

— Qu'est-ce que j'entends, s'écria-t-il; oh! mon Dieu! mon enfant! mon enfant!

Sa voix me remua jusqu'au fond du cœur; elle était pleine de sanglots.

—Écoutez-moi, monsieur, criai-je en me plaçant résolument devant lui. J'ai conquis l'amour de votre fille ; je lui ai donné tout le mien en échange. Nous sommes du même rang, de la même condition. Quel crime ai-je donc commis ? En quoi vous ai-je offensé ?

Il me regarda quelques instants sans faire aucune réponse.

— Vous seriez donc disposé à l'épouser? me dit-il enfin, avec un changement évident de ton.

— Si j'avais laissé cet amour se développer ainsi sans avoir cette intention, j'aurais mérité tous vos reproches. J'aurais traîtreusement abusé de cette enfant, comme vous l'avez dit.

— M'épouser! s'écria Zoé, avec un air de profonde surprise.

— Écoutez! la pauvre enfant! elle ne sait pas même ce que ce mot veut dire!

— Oui, charmante Zoé! je vous épouserai; autrement mon cœur, comme le vôtre, serait brisé pour jamais!

— Oh! monsieur!

—C'est bien, monsieur, assez pour l'instant. Vous avez conquis cette enfant sur elle-même; il vous reste à la conquérir sur moi. Je veux sonder la profondeur de votre attachement. Je veux vous soumettre à une épreuve.

— J'accepte toutes les épreuves que vous voudrez m'imposer.

— Nous verrons; venez, rentrons. Viens, Zoé.

Et, la prenant par la main, il la conduisit vers la maison. Je marchai derrière eux.

Comme nous traversions un petit bois d'orangers sauvages, où l'allée se rétrécissait, le père quitta la main de sa fille et

passa en avant. Zoé se trouvait entre nous deux, et au moment où nous étions au milieu du bosquet, elle se retourna soudainement, et plaçant sa main sur la mienne, murmura en tremblant et à voix basse :
« Henri, dites-moi ce que c'est qu'épouser? »

— Chère Zoé! pas à présent; cela est trop difficile à expliquer; plus tard, je.....

— Viens Zoé! ta main, mon enfant!

— Papa, me voici!

CHAPITRE XV

Une autobiographie.

J'étais seule avec mon hôte dans l'appartement que j'occupais depuis mon arrivée dans la maison. Les femmes s'étaient retirées dans une autre pièce. Seguin, en entrant dans la chambre, avait donné un tour de clé et poussé les verroux.

Quelle terrible épreuve allait-il imposer à ma loyauté, à mon amour? Cett homme, connu par tant d'exploits sanguinaires, allait-il s'attaquer à ma vie? Allait-il me lier à lui par quelque épouvantable serment? De sombres appréhensions me traversaient l'esprit; je demeurais silencieux, mais non sans éprouver quelques craintes.

Une bouteille de vin était placée entre nous deux, et Seguin, remplissant deux verres, m'invita à boire. Cette politesse me rassura. Mais le vin n'était-il pas emp......? Il avait vidé son verre avant que ma pensée n'eût complété sa forme.

— Je le calomnie, — pensai-je. — Cet homme, après tout, est incapable d'un pareil acte de trahison.

Je bus, et la chaleur du vin me rendit un peu de calme et de tranquillité.

Après un moment de silence, il entama la conversation par cette question *ex-abrupto* :

— Que savez-vous de moi ?

— Votre nom et votre surnom ; rien de plus.

— C'est plus qu'on n'en sait ici. — Et sa main indiquait la porte par un geste expressif. — Qui vous a le plus souvent parlé de moi?

— Un ami que vous avez vu à Santa-Fé.

— Ah! Saint-Vrain; un brave garçon plein de courage. Je l'ai rencontré autrefois à Chihuahua. Il ne vous a rien dit de plus relativement à moi.

— Non. Il m'avait promis de me donner quelques détails sur vous, mais il n'y a plus pensé; la caravane est partie, et nous nous sommes trouvés séparés.

— Donc, vous avez appris que j'étais Seguin, le chasseur de scalps; que j'étais employé par les citoyens d'El-Paso pour aller à la chasse des Apachès et des Navajoès, et qu'on me payait une somme déterminée pour chaque chevelure d'Indien clouée à leurs portes? Vous avez appris cela?

— Oui.

— Tout cela est vrai.

Je gardai le silence.

— Maintenant, monsieur, — reprit-il après une pause, — voulez-vous encore épouser ma fille, la fille d'un abominable meurtier?

— Vos crimes ne sont pas les siens.

Elle est innocente même de la connaissance de ces crimes, avez-vous dit. Vous pouvez être un démon; elle, c'est un ange.

Une expression douloureuse se peignit sur sa figure, pendant que je parlais ainsi.

— Crimes! démon! — murmurait-il comme se parlant à lui-même; — oui, vous avez le droit de parler ainsi. C'est ainsi que pense le monde. On vous a raconté les histoires des hommes de la montagne dans toutes leurs exagérations sanglantes. On vous a dit que, pendant une trêve, j'avais invité un village d'Apachès à un banquet dont j'avais empoisonné les viandes ; qu'ainsi j'avais empoisonné tous mes hôtes, hommes, femmes, enfants, et qu'ensuite je les avais scalpés! On vous a dit que j'avais fait placer en face de la bouche d'un canon deux cents sauvages qui ignoraient l'effet de cet instrument de destruction ; que j'avais mis le feu à cette pièce chargée à mitraille, et massacré ainsi ces pauvres gens sans défiance. On vous a sans doute raconté ces actes de cruauté, et beaucoup d'autres encore.

— C'est vrai. On m'a raconté ces histoires lorsque j'étais parmi les chasseurs de la montagne ; mais je ne savais trop si je devais les croire.

— Monsieur, ces histoires sont fausses ;

elles sont fausses et dénuées de tout fondement.

— Je suis heureux de vous entendre parler ainsi. Je ne pouvais pas aujourd'hui vous croire capable de pareils actes de barbarie.

— Et cependant, fussent-elles vraies jusque dans leurs plus horribles détails, elles n'approcheraient pas encore de toutes les cruautés dont les sauvages se sont rendus coupables envers les habitants de ces frontières sans défense.

Si vous saviez l'histoire de ce pays pendant les dix dernières années, les massacres et les assassinats, les ravages et les incendies, les vols et les enlèvements; des provinces entièrement dépeuplées; des villages livrés aux flammes ; les hommes égorgés à leur propre foyer ; les femmes, les plus charmantes, emmenées captives et livrées aux embrassements de ces voleurs du désert ! Oh ! Dieu ! et moi aussi, j'ai reçu des atteintes qui m'excuseront à vos yeux, et qui m'excuseront peut-être aussi devant le tribunal suprême !

En disant ces mots, il cacha sa tête dans ses mains, et s'accouda des deux mains sur la table.

— J'ai besoin de vous faire une courte histoire de ma vie.

Je fis un signe d'assentiment, et, après avoir rempli et vidé un second verre de vin, il continua en ces termes :

— Je ne suis pas Français, comme on le suppose; je suis créole de la Nouvelle-Orléans; mes parents étaient des réfugiés de Saint-Domingue, où, à la suite de la révolte des nègres, ils avaient vu leurs biens confisqués par le sanguinaire Christophe.

» Après avoir fait mes études pour être ingénieur civil, je fus envoyé aux mines de Mexico en cette qualité par le propriétaire d'une de ces mines, qui connaissait mon père. J'étais jeune alors, et je passai plusieurs années employé dans les établissements de Zacatecas et de San-Luis Potosi.

» Quand j'eus économisé quelque argent sur mes appointements, je commençai à penser à m'établir pour mon propre compte.

» Le bruit courait depuis longtemps que de riches veines d'or existaient aux bords du Gila et de ses affluents. On avait recueilli dans ces rivières des sables aurifères, et le quartz laiteux, qui enveloppe ordinairement l'or, se montrait partout à nu dans les montagnes solitaires de cette région sauvage.

» Je partis pour cette contrée avec une troupe d'hommes choisis; et après avoir voyagé pendant plusieurs semaines à travers la chaîne des Mimbres, je trouvai, près de la source du Gila, de précieux gisements de minerai. J'installai une mine, et, au bout de cinq ans, j'étais riche.

» Alors je me rappelai la compagne de mon enfance : une belle et charmante cousine qui avait conquis toute ma confiance et m'avait inspiré mon premier amour. Pour moi, le premier amour devait être le dernier ; ce n'était pas, comme cela arrive si souvent, un sentiment fugitif. A travers tous mes voyages, son souvenir m'avait accompagné. M'avait-elle gardé sa foi comme je lui avais gardé la mienne?

» Je résolus de m'en assurer par moi-même, et, laissant mes affaires à la garde de mon mayoral, je partis pour ma ville natale.

» Adèle avait été fidèle à sa parole, et je revins à mon établissement avec elle.

» Je bâtis une maison à Valverde, le district le plus voisin de ma mine.

» Valverde était alors une ville florissante ; maintenant elle est en ruine, et vous avez pu voir ce qui en reste en venant ici.

» Là, nous vécûmes plusieurs années au sein du bonheur et de la richesse. Ces jours passés m'apparaissent maintenant comme autant de siècles de félicité. Nous nous aimions avec ardeur, et notre union fut bénie par la naissance de deux enfants, de deux filles. La plus jeune ressemblait à sa mère; l'aînée, m'a-t-on dit tenait principalement de moi. Nous les adorions, trop peut-être; nous étions trop heureux de les posséder.

»A cette époque, un nouveau gouverneur fut envoyé à Santa-Fé; un homme qui, par son libertinage et sa tyrannie, a été jusqu'à ce jour la plaie de cette province. Il n'y a pas d'acte si vil, de crime si noir, dont ce monstre ne soit capable.

» Il se montra d'abord très aimable, et fut reçu dans toutes les maisons des gens riches de la vallée. Comme j'étais du nombre de ceux-ci, je fus honoré de ses visites, et cela très fréquemment. Il résidait de préférence à Albukerque, et donnait de grandes fêtes à son palais. Ma femme et moi y étions toujours invités des premiers. En revanche, il venait souvent dans notre maison de Valverde, sous le prétexte d'inspecter les différentes parties de la province.

» Je m'aperçus enfin que ses visites s'adressaient uniquement à ma femme, auprès de laquelle il se montrait fort empressé.

» Je ne vous parlerai pas de la beauté d'Adèle à cette époque. Vous pouvez vous en faire une idée, et votre imagination sera aidée par les grâces que vous paraissez avoir découvertes dans sa fille, car la petite Zoé est l'exacte reproduction de ce qu'était sa mère, à son âge.

» A l'époque dont je parle, elle était dans tout l'éclat de sa beauté. Tout le monde parlait d'elle, et ces éloges avaient piqué la vanité du tyran libertin. En conséquence, je devins l'objet de toutes ses prévenancs amicales.

» Rien de tout cela ne m'avait échappé; mais, confiant dans la vertu de ma femme, je m'inquiétais peu de ce qu'il pourrait faire. Aucune insulte apparente, jusque-là, n'avait appelé mon attention.

» A mon retour d'une longue absence motivée par les travaux de la mine, Adèle me donna connaissance des tentatives insultantes dont elle avait été l'objet, à différentes époques, de la part de Son Excellence, choses qu'elle m'avait tues jusque-là, par délicatesse ; elle m'apprit qu'elle avait été particulièrement outragée dans une visite toute récente, pendant mon absence.

» C'en était assez pour le sang d'un créole. Je partis pour Albukerque, et, en pleine place publique, devant tout le monde assemblé, je châtiai l'insulteur.

» Arrêté et jeté en prison, je ne fus rendu à la liberté qu'après plusieurs semaines. Quand je retournai chez moi, je retrouvai ma maison pillée, et ma famille dans le désespoir. Les féroces Navajoès avaient passé par là. Tout avait été détruit, mis en pièces dans mon habitation, et mon enfant!... Dieu puissant! ma petite Adèle avait été emmenée captive dans les montagnes...

— Et votre femme? et votre autre fille? — demandai-je, brûlant de savoir le reste.

— Elles avaient échappé. Au milieu d'un terrible combat, car mes pauvres péons se défendaient bravement, ma femme, tenant Zoé dans ses bras, s'était sauvée hors de la maison et s'était réfugiée dans une cave qui ouvrait sur le jardin. Je les retrouvai dans la hutte d'un vaquero, au milieu des bois; elles s'étaient enfuies jusque-là.

— Et votre fille Adèle, en avez-vous entendu parler depuis?

— Oui, oui. Je vais y revenir dans un instant.

« A la même époque, ma mine fut attaquée et ruinée ; la plupart des ouvriers, tous ceux qui n'avaient pu s'enfuir, furent massacrés ; l'établissement qui faisait toute ma fortune fut détruit.

» Avec quelques uns des mineurs qui avaient échappé et d'autres habitants de Valverde qui, comme moi, avaient souffert, j'organisai une bande, et poursuivis les sauvages ; mais nous ne pûmes les atteindre, et nous revînmes, la plupart le cœur brisé et la santé profondément altérée.

» Oh! monsieur, vous ne pouvez pas savoir ce que c'est que d'avoir perdu une enfant chérie! Vous ne pouvez pas comprendre l'agonie d'un père ainsi dépouillé! »

Seguin se prit la tête entre les deux mains et garda un moment le silence. Son attitude accusait la plus profonde douleur.

« Mon histoire sera bientôt terminée, jusqu'à l'époque où nous sommes, du moins. Qui peut en prévoir la suite?

» Pendant des années, j'errai sur les

frontières des Indiens, en quête de mon enfant. J'étais aidé par une petite troupe d'individus, la plupart aussi malheureux que moi; les uns ayant perdu leurs femmes, les autres leurs filles, de la même manière. Mais nos ressources s'épuisaient, et le désespoir s'empara de nous. Les sentiments de mes compagnons se refroidirent avec le temps. L'un après l'autre, ils me quittèrent. Le gouverneur de New-Mexico ne nous prêtait aucun secours. Au contraire, on soupçonnait, — et c'est maintenant un fait avéré, — on soupçonnait le gouverneur lui-même d'être secrètement ligué avec les chefs des Navajoès. Il s'était engagé à ne pas les inquiéter, et, de leur côté, ils avaient promis de ne piller que ses ennemis.

» En apprenant cet horrible drame, je reconnus la main qui m'avait frappé. Furieux de l'affront que je lui avais infligé, exaspéré par le mépris de ma femme, le misérable avait trouvé un moyen de se venger.

» Deux fois depuis, sa vie a été entre mes mains; mais je n'aurais pu le tuer sans risquer ma propre tête, et j'avais des motifs pour tenir à la vie. Le jour viendra où je pourrai m'acquitter envers lui.

» Comme je vous l'ai dit, ma troupe s'était dispersée. Découragé, et sentant le danger qu'il y avait pour moi à rester plus longtemps dans le New-Mexico, je quittai cette province et traversai la Jornada pour me rendre à El-Paso. Là, je vécus quelque temps, pleurant mon enfant perdue.

» Je ne restai pas longtemps inactif. Les fréquentes incursions des Apachès dans les provinces de Sonora et de Chihuahua avaient rendu le gouvernement plus énergique dans la défense de la frontière. Les presidios furent mis en meilleur état de défense et reçurent des garnisons plus fortes ; une bande d'aventuriers, de volontaires, fut organisée, dont la paie était proportionnée au nombre de chevelures envoyées aux établissements.

» On m'offrit le commandement de

cette étrange guérilla, et, dans l'espoir de retrouver ma fille, j'acceptai : je devins chasseur de scalps.

» C'était une terrible mission, et si la vengeance avait été mon seul objet, il y a longtemps que j'aurais pu me retirer satisfait. Nous fîmes plus d'une expédition sanglante, et, plus d'une fois, nous exerçâmes d'épouvantables représailles.

» Je savais que ma fille était captive chez les Navajoès. Je l'avais appris, à différentes époques, de la bouche des prisonniers que j'avais faits; mais j'étais toujours arrêté par la faiblesse de ma troupe et des moyens dont je disposais. Des révolutions successives et la guerre civile désolaient et ruinaient les états du Mexique; nous fûmes laissés de côté. Malgré tous mes efforts, je ne pouvais réunir une force suffisante pour pénétrer dans cette contrée déserte qui s'étend au nord du Gilla, et au centre de laquelle se trouvent les huttes des sauvages Navajoès.

— Et vous croyez !...

» Patience ! j'aurai bientôt fini. Ma troupe est aujourd'hui plus forte qu'elle n'a jamais été. J'ai reçu d'un homme récemment échappé des mains des Navajoès l'avis formel que les guerriers des deux tribus sont sur le point de partir pour le Sud. Ils réunissent toutes leurs forces dans le but de faire une grande incursion; ils veulent pousser, à ce qu'on dit, jusqu'aux portes de Durango. Mon intention est de pénétrer dans leur pays pendant qu'ils seront absents, et d'aller y chercher ma fille.

— Et vous croyez qu'elle vit encore?

— Je le sais. Le même individu qui m'a donné ces nouvelles, et qui, le pauvre diable, y a laissé sa chevelure et ses oreilles, l'a vue souvent. Elle est devenue, m'a-t-il dit, parmi ces sauvages, une sorte de reine possédant un pouvoir et des priviléges particuliers. Oui, elle vit encore, et si je puis parvenir à la retrouver, à la ramener ici, cette sène tragique sera la dernière à laquelle j'aurai pris part; je m'en irai loin de ce pays. »

J'avais écouté avec une profonde attention l'étrange récit de Seguin. L'éloignement que j'éprouvais auparavant pour cet homme, d'après ce qu'on m'avait dit de son caractère, s'effaçait et faisait place à la compassion ; que dis-je ? à l'admiration. Il avait tant souffert ! Une telle infortune expiait ses crimes et les justifiait pleinement à mes yeux. Peut-être étais-je trop indulgent dans mon jugement. Il était naturel que je fusse ainsi.

Quand cette révélation fut terminée, j'éprouvai une vive émotion de plaisir. Je sentis une joie profonde de savoir qu'elle n'était pas la fille d'un démon, comme je l'avais cru.

Seguin sembla pénétrer ma pensée, car

un sourire de satisfaction, de triomphe, je pourrais dire, éclaira sa figure. Il se pencha sur la table pour atteindre la bouteille.

— Monsieur, cette histoire a dû vous fatiguer. Buvez donc.

Il y eut un moment de silence, pendant que nous vidions nos verres.

— Et maintenant, monsieur, vous connaissez, un peu mieux qu'auparavant, le père de celle que vous aimez. Êtes-vous encore disposé à l'épouser?

— Oh! monsieur! plus que jamais elle est un objet sacré pour moi.

— Mais il vous faut la conquérir de moi, comme je vous l'ai dit.

— Alors, monsieur, dites-moi comment; je suis prêt à tous les sacrifices qui ne dépasseront pas mes forces.

— Il faut que vous m'aidiez à retrouver sa sœur.

— Volontiers.

— Il faut venir avec moi au désert.

— J'y consens.

— C'est assez. Nous partons demain.

Il se leva, et se mit à marcher dans la chambre.

— De bonne heure? — demandai-je, craignant presque qu'il me refusât une entrevue avec celle que je brulais plus que jamais d'embrasser.

— Au point du jour, — répondit-il, semblant ne pas s'apercevoir de mon inquiétude.

— Il faut que je visite mon cheval et mes armes, — dis-je en me levant et en me dirigeant vers la porte, dans l'espoir de la rencontrer dehors.

— Tout est préparé; Godé est là. Revenez mon ami; elle n'est point dans la salle. Restez où vous êtes. Je vais chercher les armes dont vous avez besoin. — Adèle! Zoé! — Ah! docteur, vous êtes revenu avec votre récolte de simples! C'est bien! nous partons demain. Adèle, du café, mon amour! Et puis, faites-nous un peu de musique. Votre hôte vous quitte demain.

Zoé s'élança entre nous deux avec un cri.

— Non, non, non, non! — s'écria-t-elle, se tournant vers l'un et vers l'autre avec toute l'énergie d'un cœur au désespoir.

— Allons, ma petite colombe! — dit le

père en lui prenant les deux mains ; — ne t'effarouche pas ainsi. C'est seulement pour une courte absence. Il reviendra.

— Dans combien de temps, papa ? Dans combien de temps, Henri ?

— Mais, dans très peu de temps, et cela me paraîtra plus long qu'à vous, Zoé.

— Oh ! non, non ! Une heure, ce serait longtemps. Combien d'heures serez-vous absent ?

— Oh ! cela durera plusieurs jours, je crains.

— Plusieurs jours! Oh! papa! oh! Henri! plusieurs jours!

— Allons, petite fille, ce sera bientôt passé. Va, aide ta mère à faire le café.

— Oh! papa, plusieurs jours, de longs jours... Il ne passeront pas vite quand je serai seule.

— Mais tu ne seras pas seule. Ta mère sera avec toi.

— Ah!

Soupirant, et d'un air tout préoccupé, elle quitta la chambre pour obéir à l'ordre de son père. En passant la porte, elle poussa un second soupir plus profond encore.

Le docteur observait, silencieux et étonné, toute cette scène, et quand la légère figure eut disparu dans la grande salle, je l'entendis qui murmurait :

— Oh! ja! bovre bedité *fraulein!* je m'en afais pien toudé !

CHAPITRE XVI

Le haut Del Norte.

Je ne veux pas fatiguer le lecteur par les détails d'une scène de départ. Nous étions en selle avant que les étoiles eussent pâli, et nous suivions la voie sablonneuse.

A peu de distance de la maison, la route faisait un coude et s'enfonçait dans un bois épais. Là, j'arrêtai mon cheval, je laissai passer mes compagnons, et, me dressant sur mes étriers, je regardai en arrière. Mes yeux se dirigèrent du côté des vieux murs gris, et se portèrent sur l'*azotea*.

Sur le bord du parapet, se dessinant à la pâle lueur de l'aurore, était celle que cherchait mon regard. Je ne pouvais distinguer les traits; mais je reconnaissais le charmant ovale de la figure, qui se découpait sur le ciel comme un noir médaillon.

Elle se tenait auprès d'un des palmiers-yucca qui croissaient sur la terrasse. La main appuyée au tronc, elle se penchait en avant, interrogeant l'ombre de ses yeux. Peut-être aperçut-elle les ondulations d'un mouchoir agité; peut-être entendit-elle son nom, et répondit-elle au tendre adieu qui lui fut porté par la brise du matin. S'il en est ainsi, sa voix fut couverte par le bruit des piaffements de mon cheval qui, tournant brusquement sur lui-même, m'emporta sous l'ombre épaisse de la forêt.

Plusieurs fois je me retournai pour tâcher d'apercevoir encore cette silhouette chérie, mais d'aucun point la maison n'était visible. Elle était cachée par les bois sombres et majestueux. Je ne voyais plus que les longues aiguilles des palmillas pittoresque; et, la route descendant entre deux collines, ces palmillas eux-mêmes disparurent bientôt à mes yeux.

Je lâchai la bride, et, laissant mon cheval aller à volonté, je tombai dans une suite de pensées à la fois douces et pénibles.

Je sentais que l'amour dont mon cœur était rempli occuperait toute ma vie; que, dorénavant, cet amour serait le pivot de toutes mes espérances, le puissant mobile de toutes mes actions. Je venais d'atteindre l'âge d'homme, et je n'ignorais pas cette vérité, qu'un amour pur comme celui-là était le meilleur préservatif contre les écarts de la jeunesse, la meilleure sauvegarde contre tous les entraînements dangereux. J'avais appris cela de celui qui avait présidé à ma première éducation, et dont l'expérience m'avait été souvent d'un trop puissant secours pour que je ne lui accordasse pas toute confiance. Plus d'une fois j'avais eu l'occasion de reconnaître la justesse de ses avis.

La passion que j'avais inspirée à cette jeune fille était, j'en avais conscience, aussi profonde, aussi ardente que celle que j'éprouvais moi-même; peut-être plus vive encore; car mon cœur avait connu d'autres affections, tandis que le sien n'avait jamais battu que sous l'influence des tendres soins qui avaient entouré son enfance. C'était son premier sentiment puissant, sa première passion. Comment n'aurait-il pas envahi tout son cœur, dominé toutes ses pensées? Elle, si bien faite pour l'amour, si semblable à la Vénus mythologique ?

Ces réflexions n'avaient rien que d'agréable ; mais le tableau s'assombrissait quand je cessais de considérer le passé. Quelque chose, un démon sans doute, me disait tout bas : Tu ne la reverras plus jamais!

Cette idée toute hypothétique qu'elle fut, suffisait pour me remplir l'esprit de sombres présages, et je me mis à interroger l'avenir. Je n'étais point en route pour une de ces parties de plaisir de laquelle on revient à jour et à heure fixes.

J'allais affronter des dangers, les dangers du désert, dont je connaissais toute la gravité. Dans nos plans de la nuit précédente, Seguin n'avait pas dissimulé les périls de notre expédition. Il me les avait détaillés avant de m'imposer l'engagement de le suivre.

Quelques semaines auparavant, je m'en serais peu préoccupé; ces périls même auraient été pour moi un motif d'excitation de plus. Mais alors, mes sentiments étaient bien changés; je savais que la vie d'une autre était attachée à la mienne. Que serait-ce donc si le démon disait vrai? Ne plus la revoir, jamais! jamais!... Affreuse pensée! — et je cheminais affaissé sur ma selle, sous l'influence d'une amère tristesse.

Mais je me sentais porté par mon cher Moro qui semblait reconnaître son cavalier ; son dos élastique se soulevait sous moi ; mon âme répondait à la sienne, et les effluves de son ardeur réagissaient sur moi.

Un instant après je rassemblais les rênes et je m'élançais au galop pour rejoindre mes compagnons. La route, bordant la rivière, la traversant de temps en temps au moyen de gués peu profonds, serpentait à travers les vallées garnies de bois touffus.

Le chemin était difficile à cause des broussailles épaisses : et quoique les arbres eussent été entaillés pour établir la route, on n'y voyait aucun signe de passage antérieur, à peine quelques pas de cheval. Le pays paraissait sauvage et complètement inhabité. Nous en voyions la preuve dans les rencontres fréquentes de daims et d'antilopes, qui traversaient le chemin et sortaient des taillis sous le nez de nos chevaux. De temps en temps, la route s'éloignait beaucoup de la rivière pour éviter ses coudes nombreux. Plusieurs fois nous traversâmes de larges espaces où de grands arbres avaient été abattus, et où des défrichements avaient été pratiqués ; mais cela devait remonter à une époque très reculée, car la terre qui avait été remuée avec la charrue, était maintenant couverte de fourrés épais et impénétrables. Quelques troncs brisés et tombant en pourriture, quelques lambeaux de murailles écroulées, en adobé, indiquaient la place où le *roncho* du settler avait été posé.

Nous passâmes près d'une église en ruines, dont les vieilles tourelles s'écroulaient pierre à pierre. Tout autour, des monceaux d'adobé couvraient la terre sur une étendue de plusieurs acres. Un village prospère avait existé là. Qu'était-il devenu? Où étaient ses habitants affairés? Un chat sauvage s'élança du milieu des ronces qui recouvraient les ruines, et s'enfonça dans la forêt; un hibou s'envola lourdement du haut d'une coupole croulante, et voleta autour de nos têtes en poussant son plaintif. « *woû-hoû-àh* » ajoutant ainsi un trait de plus à cette scène de désolation.

Pendant que nous traversions ces ruines, un silence de mort nous environnait, troublé seulement par le houloulement de l'oiseau de nuit et par le « *cronk-cronk* » des fragments de poteries dont les rues désertes étaient parsemées et qui craquaient sous les pieds de nos chevaux.

Mais où donc étaient ceux dont l'écho de ces murs avait autrefois repercuté les voix? qui s'étaient agenouillés sous l'ombre sainte de ces piliers jadis consacrés? Ils étaient partis; pour quel pays? Quand? Et pourquoi?

Je fis ces questions à Seguin qui me répondit laconiquement :

« — Les Indiens! »

C'était l'œuvre du sauvage armé de sa lance redoutable, de son couteau à scalper, de son arc et de sa hache de combat, de ses flèches empoisonnées et de sa torche incendiaire.

— Les Navajoès? — demandai-je.

— Les Navajoès et les Apachès.

— Mais ne viennent-ils plus par ici?

Un sentiment d'anxiété m'avait tout à coup traversé l'esprit. Nous étions encore tout près de la maison; je pensais à ses murailles sans défense. J'attendais la réponse avec anxiété.

— Ils n'y viennent plus.

— Et pourquoi ?

— Ceci est notre territoire, répondit-il d'un ton significatif. Nous voici, monsieur, dans un pays où vivent d'étranges habitants ; vous verrez. Malheur à l'Apaché ou au Navajo qui oserait pénétrer dans ces forêts.

A mesure que nous avancions, la contrée devenait plus ouverte, et nous voyions deux chaînes de hautes collines taillées à pic, s'étendant au nord et au sud sur les deux rives du fleuve. Ces collines se rapprochaient tellement qu'elles semblaient barrer complétement la rivière. Mais ce n'était qu'une apparence. En avançant plus loin, nous entrâmes dans un de ces terribles passages que l'on désigne dans le pays sous le nom de « *canons* (1), » et que l'on voit indiqués si souvent sur les cartes de l'Amérique intertropicale.

La rivière, en traversant ce canon, écumait entre deux immenses rochers taillés à pic, s'élevant à une hauteur de plus de mille pieds, et dont les profils, à mesure que nous nous en approchions, nous figuraient deux géants furieux qui, séparés par une main puissante, continuaient de se menacer l'un l'autre. On ne pouvait regarder sans un sentiment de terreur, les

(1) Prononcez canions.

faces lisses de ses énormes rochers, et je sentis un frisson dans mes veines quand je me trouvai sur le seuil de cette porte gigantesque.

— Voyez-vous ce point ? — dit Seguin en indiquant une roche qui surplombait la plus haute cime de cet abîme.

Je fis signe que oui, car la question m'était adressée.

— Eh bien ! voilà le saut que vous étiez si désireux de faire. Nous vous avons trouvé vous balançant contre ce rocher là-haut.

— Grand Dieu ! — m'écriai-je, considérant cette effrayante hauteur. Bien que solidement assis sur ma selle, je me sentis pris de vertige à cet aspect, et je fus forcé de marcher quelque pas.

— Et sans votre noble cheval, continua mon compagnon, — le docteur que voici aurait pu se perdre dans toutes sortes d'hypothèses en examinant ce qui serait resté de vos os. Oh! Moro! beau Moro!

— Oh! *mein got !* ya! ya! — dit avec le ton de l'assentiment le botaniste, regardant le précipice, et semblant éprouver le même sentiment de malaise que moi.

Seguin était venu se placer à côté de

moi, et flattait de la main le coup de mon cheval avec un air d'admiration.

— Mais pourquoi donc, — lui dis-je, me rappelant les circonstances de notre première entrevue ; — pourquoi donc étiez-vous si désireux de posséder Moro?

— Une fantaisie.

— Ne puis-je savoir pourquoi? Il me semble au fait que vous m'avez dit alors que vous ne pouviez pas me l'apprendre ?

— Oh! si fait; je puis facilement vous le dire. Je voulais tenter l'enlèvement de ma fille, et j'avais besoin pour cela du secours de votre cheval.

— Mais, comment?

— C'était avant que j'eusse entendu parler de l'expédition projetée par nos ennemis.

Comme je n'avais aucun espoir de la recouvrer autrement, je voulais pénétrer dans le pays, seul ou avec un ami sûr, et recourir à la ruse pour l'enlever. Leurs chevaux sont rapides; mais ils ne peuvent lutter contre un arabe, ainsi que vous aurez occasion de vous en assurer. Avec un animal comme celui-ci, j'aurais pu me sauver, à moins d'être entouré; et, même dans ce cas, j'aurais pu m'en tirer au prix de quelques légères blessures. J'avais l'intention de me déguiser et d'entrer dans leur ville sous la figure d'un de leurs guerriers. Depuis longtemps je possède à fond leur langue.

— C'eût été là une périlleuse entreprise.

— Sans aucun doute ! mais c'était ma dernière ressource, et je n'y avais recours qu'après avoir épuisé tous les efforts ; après tant d'années d'attente, je ne pouvais plus y tenir. Je risquais ma vie. C'était un coup de désespoir, mais, à ce moment, j'y étais pleinement déterminé.

— J'espère que nous réussirons, cette fois.

— J'y compte fermement. Il semble que

la Providence veuille enfin se déclarer en ma faveur. D'un côté, l'absence de ceux qui l'ont enlevée; de l'autre, le renfort considérable qu'a reçu ma troupe d'un gros parti de trappeurs des plaines de l'est. Les peaux d'ours sont tombées, comme ils disent, à ne pas valoir une bourre de fusil, et ils trouvent que les Peaux-Rouges rapportent davantage. Ah! j'espère en venir à bout, cette fois.

Il accompagna ces derniers mots d'un profond soupir.

Nous arrivions en ce moment à l'entrée d'une gorge, et l'ombre d'un bois de cotonniers nous invitait au repos.

— Faisons halte ici, — dit Seguin.

Nous mîmes pied à terre, et nos chevaux furent attachés de manière à pouvoir paître. Nous prîmes place sur l'épais gazon, et nous étalâmes les provisions dont nous nous étions munis pour le voyage.

CHAPITRE XVII

Géographie et géologie.

Nous nous reposâmes environ une heure sous l'ombre fraîche, pendant que nos chevaux se refaisaient aux dépens de de l'excellent pâturage qui croissait abondant autour d'eux. Nous causions du pays curieux que nous étions en train de traverser ; curieux sous le rapport de sa géographie, de sa géologie, de sa botanique et de son histoire; curieux sous tous les rapports.

Je suis, je puis le dire, un voyageur de profession. J'éprouvais un vif intérêt à me renseigner sur les contrées sauvages qui s'étendaient à des centaines de milles autour de nous; et il n'y avait pas d'homme plus capable de m'instruire à cet égard que mon interlocuteur.

Mon voyage en aval de la rivière m'avait très peu initié à la physionomie du pays. J'étais à cette époque, ainsi que je l'ai dit, dévoré par la fièvre ; et ce que j'avais pu voir n'avait laissé dans ma mémoire que des souvenirs confus comme ceux d'un songe.

Mais j'avais repris possession de toutes mes facultés, et les paysages que nous traversions, tantôt charmants et revêtus des richesses méridionales, tantôt sauvages, accidentés, pittoresques, frappaient vivement mon imagination.

L'idée que cette partie du pays avait été occupée autrefois par les compagnons de Cortez, ainsi que le prouvaient de nombreuses ruines ; qu'elle avait été reconquise par les sauvages, ses anciens possesseurs ; l'évocation des scènes tragiques qui avaient dû accompagner cette reprise de possession, inspiraient une foule de pensées romanesques auxquelles les réalités qui nous environnaient formaient un admirable cadre.

Seguin était communicatif, d'une intelligence élevée, et ses vues étaient pleines de largeur. L'espoir d'embrasser bientôt son enfant, si longtemps perdue, soutenait en lui la vie. Depuis bien des années, il ne s'était pas senti aussi heureux.

— C'est vrai, — dit-il répondant à une de mes questions, — on connaît bien peu de choses de toute cette contrée, au-delà des établissements mexicains. Ceux qui auraient pu en dresser la carte géographique n'ont pas accompli cette tâche. Ils étaient trop absorbés dans la recherche de l'or; et leurs misérables descendants, comme vous avez pu le voir, sont trop occupés à se voler les uns les autres, pour s'inquiéter d'autre chose. Ils ne savent rien de leur pays au-delà des bornes de leurs domaines, et le désert gagne tous les jours sur eux. Tout ce qu'ils en savent, c'est que c'est de ce côté que viennent leurs ennemis, qu'ils redoutent comme les enfants craignent le loup et croque-mitaine.

Nous sommes ici, — continua Seguin, — à peu près au centre du continent : au cœur du Sahara américain.

Le Nouveau-Mexique est une oasis, rien

de plus. Le désert l'environne d'une ceinture de plusieurs centaines de milles de largeur ; dans certaines directions, vous pouvez faire mille milles, à partir du Del-Norte, sans rencontrer un point fertile. L'oasis de New-Mexico doit son existence aux eaux fertilisantes du Del-Norte. C'est le seul point habité par les blancs, entre la rive droite du Mississipi et les bords de l'Océan-Pacifique, en Californie. Vous y êtes arrivé en traversant un désert, n'est-ce pas ?

— Oui. Et, à mesure que nous nous éloignions du Mississipi en nous rapprochant des montagnes Rocheuses, le pays devenait de plus en plus stérile. Pendant les 300 derniers milles environ, nous pouvions à peine trouver l'eau et l'herbe nécessaires à nos animaux. Mais est-ce qu'il en est ainsi au nord et au sud de la route que nous avons suivie?

Au nord et au sud, pendant plus d'un millier de milles, depuis les plaines du Texas jusqu'aux lacs du Canada, tout le long de la baie des montagnes Rocheuses, et jusqu'à moitié chemin des établissements qui bordent le Mississipi, vous ne trouverez pas un arbre, pas un brin d'herbe.

— Et à l'ouest des montagnes?

— Quinze cents milles de désert en longueur sur à peu près sept ou huit cents de large. Mais la contrée de l'ouest présente un caractère différent. Elle est plus accidentée, plus montagneuse, et, si cela est possible, plus désolée encore dans son aspect.

Les feux volcaniques ont eu là une action plus puissante, et, quoique des milliers d'années se soient écoulés depuis que les volcans sont éteints, les roches ignées, à beaucoup d'endroits, semblent appartenir à un soulèvement tout récent. Les couleurs de la lave et des scories qui couvrent les plaines à plusieurs milles d'étendue, dans certains endroits, n'ont subi aucune modification sous l'action végétale ou climatérique. Je dis que l'action climatérique n'a eu aucun effet, parce qu'elle n'existe pour ainsi dire pas dans cette région centrale.

— Je ne vous comprends pas.

— Voici ce que je veux dire : les changements atmosphériques sont insensibles ici; rarement il y a pluie ou tempête. Je connais tels districts où pas une goutte d'eau n'est tombée dans le cours de plusieurs années.

— Et pouvez-vous vous rendre compte de ce phénomène?

— J'ai ma théorie; peut-être ne semblerait-elle pas satisfaisante au météorologiste savant; mais je veux vous l'exposer.

Je prêtai l'oreille avec attention, car je savais que mon compagnon était un homme de science, d'expérience et d'observation; et les sujets du genre de ceux qui nous occupaient m'avaient toujours vivement intéressé. Il continua :

— Il ne peut pas y avoir de pluie s'il n'y a pas de vapeur dans l'air. Il ne peut y avoir de vapeur dans l'air s'il n'y a pas d'eau sur la terre pour la produire. Ici, l'eau est rare, et pour cause.

Cette région du désert est à une grande hauteur; c'est un plateau très élevé. Le point où nous sommes est à près de 6,000 pieds au-dessus du niveau de la mer. De à, la rareté des sources qui, d'après les lois de l'hydraulique, doivent être alimentées par des régions encore plus élevées ; or il n'en existe pas sur ce continent.

Supposez que je puisse couvrir ce pays d'une vaste mer, entourée comme d'un mur par ces hautes montagnes qui le traversent ; et cette mer a existé, j'en suis convaincu, à l'époque de la création de ces bassins. Supposez que je crée une telle mer sans lui laisser aucune voie d'écoulement, sans le moindre ruisseau d'épuisement ; avec le temps, elle irait se perdre dans l'Océan, et laisserait la contrée dans l'état de sécheresse où vous la voyez aujourd'hui.

— Mais comment cela ! par l'évaporation ?

— Au contraire ; l'absence d'évaporation serait la cause de leur épuisement. Et je crois que c'est ainsi que les choses se sont passées.

— Je ne saurais comprendre cela.

— C'est très simple. Cette région, nous l'avons dit, est très élevé ; en conséquence, l'atmosphère est froide, et l'évaporation s'y produit avec moins d'énergie que sur les eaux de l'Océan. Maintenant, il s'établira entre l'Océan et cette mer intérieure, un échange de vapeurs par le moyen des vents et des courants d'air ; car c'est ainsi seulement que le peu d'eau qui arrive sur ces plateaux peut y parvenir.

Cet échange sera nécessairement en faveur des mers intérieures, puisque leur puissance d'évaporation est moindre, et pour d'autres causes encore. Nous n'avons pas le temps de procéder à une démonstration régulière de ce résultat. Admettez-le, quant à présent, vous y réfléchirez plus tard à loisir.

— J'entrevois la vérité ; je vois ce qui se passe.

— Que suit-il de là ? Ces mers intérieures se rempliront graduellement jusqu'à ce qu'elles débordent. La première petite rigole qui passera par dessus le bord sera le signal de leur destruction. L'eau se creusera peu à peu un canal à travers le mur des montagnes ; tout petit d'abord, puis devenant de plus en plus large et profond sous l'incessante action du flot, jusqu'à ce que, après nombre d'années, — de siècles, — de centaines de siècles, de milliers, peut-être, — une grande ouverture comme celle-ci — (et Seguin me montrait le canon) — soit pratiquée ; et bientôt la plaine aride que nous voyons derrière sera livrée à l'étude du géologue étonné.

— Et vous pensez que les plaines situées entre les Andes et les Montagnes-Rocheuses sont des lits desséchés de mers?

— Je n'ai pas le moindre doute à cet égard. Après le soulèvement de ces immenses murailles, les cavités nécessairement remplies par les pluies de l'Océan, formèrent des mers; d'abord très basses, puis de plus en plus profondes, jusqu'à ce que leur niveau atteignit celui des montagnes qui leur servaient de barrière, et que, comme je vous l'ai expliqué, elles se frayassent un chemin pour retourner à l'Océan.

— Mais est-ce qu'il n'existe pas encore une mer de ce genre?

— Le grand Lac salé? Oui, c'en est une. Il est situé au nord-ouest de l'endroit où nous sommes. Ce n'est pas seulement une mer, mais tout un système de lacs, de sources, de rivières, les unes salées, les autres d'eau douce; et ces eaux n'ont aucun écoulement vers l'Océan. Elles sont barrées par des collines et des montagnes qui constituent dans leur ensemble un système géographique complet.

— Est-ce que cela ne détruit pas votre théorie?

— Non. Le bassin où ce phénomène se produit est beaucoup moins élevé que la plupart des plateaux du désert. La puissance d'évaporation équilibre l'apport de ses sources et de ses rivières, et conséquemment neutralise leur effet: c'est-à-dire que dans l'échange de vapeur qui se fait avec l'Océan, ce bassin donne autant qu'il reçoit. Cela tient moins encore à son peu d'élévation qu'à l'inclinaison particulière des montagnes qui y versent leurs eaux. Placez-le dans une situation plus froide, *cœteris paribus*, et, avec le temps, l'eau se creusera un canal d'épuisement. Il en est de ce lac comme de la mer Caspienne, de la mer d'Aral, de la mer Morte. Non, mon ami, l'existence du grand lac salé ne contrarie pas ma théorie. Autour de ses bords le pays est fertile; fertile à cause des pluies dont il est redevable aux masses d'eau qui l'entourent. Ces pluies ne se produisent que dans un rayon assez restreint, et ne peuvent agir sur toute la région des déserts qui restent secs et stériles à cause de leur grande distance de l'Océan.

— Mais les vapeurs qui s'élèvent de l'Océan ne peuvent-elles venir jusqu'au désert?

— Elles le peuvent, comme je vous l'ai dit, dans une certaine mesure ; autrement il n'y pleuvrait jamais. Quelquefois, sous l'influence de quelque cause extraordinaire, telle que des vents violents, les nuages arrivent par masses jusqu'au centre du continent. Alors vous avez des tempêtes, et de terribles tempêtes! Mais, généralement, ce sont seulement les bords des nuages qui arrivent jusque-là, et ces lambeaux de nuages combinés avec les vapeurs, résultant de l'évaporation propre des sources et des rivières du pays, fournissent toute la pluie qui y tombe.

Les grandes masses de vapeur qui s'élèvent du Pacifique et se dirigent vers l'est, s'arrêtent d'abord sur les côtes et y déposent leurs eaux ; celles qui s'élèvent plus haut et dépassent le sommet des montagnes vont plus loin, mais elles sont arrêtées, à cent milles de là, par les sommets plus élevés de la Sierra-Nevada, où elles se condensent et retournent en arrière vers l'Océan, par les cours du Sacramento et du San-Joachim. Il n'y a que la bordure de ces nuages qui, s'élevant encore plus haut et échappant à l'attraction de la Nevada, traverse et vient s'abattre sur le désert.

Qu'en résulte-t-il? L'eau n'est pas plus tôt tombée, qu'elle est entraînée vers la mer par le Gila et le Colorado, dont les ondes grossies fertilisent les pentes de la Nevada ; pendant ce temps, quelques fragments, échappés d'autres masses de nuages, apportent un faible tribut d'humidité aux plateaux arides et élevés de l'intérieur, et se résolvent en pluie ou en neige sur les pics des Montagnes-Rocheuses. De là les sources des rivières qui coulent à l'est et à l'ouest ; de là les oasis, semblables à des parcs que l'on rencontre au milieu des montagnes. De là les fertiles vallées du Del-Norte et des autres cours d'eau qui couvrent ces terres centrales de leurs nombreux méandres.

Les nuages qui s'élèvent de l'Atlantique agissent de la même manière en traversant la chaîne des Alleghanis. Après avoir décrit un grand arc de cercle autour de la terre, ils se condensent et tombent dans les vallées de l'Ohio et du Mississipi. De quelque côté que vous abordiez ce grand continent, à mesure que vous vous approchez du centre, la fertilité diminue, et cela tient uniquement au manque d'eau. En beaucoup d'endroits, partout où l'on peut apercevoir une trace d'herbe, le sol renferme tous les éléments d'une riche végétation. Le docteur vous le dira : il l'a analysé.

— Ya! ya! cela est vrai, — se contenta d'affirmer le docteur.

— Il y a beaucoup d'oasis, continua Seguin, et dès qu'on a de l'eau pour pouvoir arroser, une végétation luxuriante apparaît aussitôt. Vous avez dû remarquer cela en suivant le cours inférieur de la rivière et c'est ainsi que les choses se passaient dans les établissements espagnols, sur les rives du Gila.

— Mais pourquoi ces établissements ont-ils été abandonnés? — demandai-je, n'ayant jamais entendu assigner aucune cause raisonnable à la dispersion de ces florissantes colonies.

— Pourquoi! — répondit Seguin avec une énergie marquée, — pourquoi! Tant qu'une race autre que la race ibérienne n'aura pas pris possession de cette terre, l'Apaché, le Navajo et le Coumanche, les vaincus de Cortès, et quelquefois ses vainqueurs, chasseront les descendants de ces premiers conquérants du Mexique. Voyez, les provinces de Sonora, de Chihuahua, à moitié dépeuplées ! Voyez le nouveau Mexique : ses habitants ne vivent que par tolérance ; il semble qu'ils ne cultivent la terre que pour leurs ennemis, qui prélèvent sur eux un tribut annuel ! — Mais, allons ! le soleil nous dit qu'il est temps de partir ; allons !

Montez à cheval ; nous pouvons suivre la rivière, — continua-t-il. Il n'a pas plu depuis quelque temps et l'eau est basse ; autrement il nous aurait fallu faire quinze milles à travers la montagne. Tenez-vous près des rochers ! marchez derrière moi ! »

Cet avertissement donné, il entra dans le canon ; je le suivis, ainsi que Godé et le docteur.

CHAPITRE XVIII

Les chasseurs de chevelures.

Il était presque nuit quand nous arrivâmes au camp, — au camp des chasseurs de scalps. Notre arrivée fut à peine remarquée. Les hommes près desquels nous passions se bornaient à jeter un coup d'œil sur nous. Pas un ne se leva de son siége ou ne se dérangea de son occupation. On nous laissa desseller nos chevaux et les placer où nous le jugeâmes à propos.

J'étais fatigué de la course, après avoir passé si longtemps sans faire usage du cheval. J'étendis ma couverture par terre, et je m'assis, le dos appuyé contre un tronc d'arbre. J'aurais volontiers dormi, mais l'étrangeté de tous les objets qui m'environnaient tenait mon imagination éveillée; je regardais et j'écoutais avec une vive curiosité.

Il me faudrait le secours du pinceau pour vous donner une esquisse de la scène, et encore ne pourrais-je vous en donner qu'une faible idée. Jamais ensemble plus sauvage et plus pittoresque ne frappa la vue d'aucun homme. Cela me rappelait les gravures où sont représentés les bivouacs de brigands dans les sombres gorges des Abruzzes.

Je décris d'après des souvenirs qui se rapportent à une époque déjà bien éloignée de ma vie aventureuse. Je ne puis donc reproduire que les points les plus saillants du tableau. Les petits détails m'ont échappé; alors cependant les moindres choses me frappaient par leur nouveauté, et leur étrangeté fixait pendant quelque temps mon attention. Peu à peu ces choses me devinrent familières, et, dès-lors, elles s'effacèrent de ma mémoire comme le font les actes ordinaires de la vie.

Le camp était établi sur la rive du Del-Norte, dans une clairière environnée de cotonniers dont les troncs lisses s'élançaient au-dessus d'un épais fourré de palmiers-nains et de *baïonnettes* espagnoles. Quelques tentes en lambeaux étaient dressées çà et là ; on y voyait aussi des huttes en peaux de bêtes, à la manière indienne. Mais le plus grand nombre des chasseurs avaient construit leur abri avec une peau de buffalo supportée par quatre piquets debout. Il y avait, dans le fourré, des sortes de cabanes formées de branchages et couvertes avec des feuilles palmées d'yucca, ou des joncs arrachés au bord de la rivière.

Des sentiers frayés à travers le feuillage conduisaient dans toutes les directions. A travers une de ces percées, on apercevait le vert tapis d'une prairie dans laquelle étaient groupés les mules et les *mustangs*, attachés à des piquets par de longues cordes traînantes.

On voyait de tous côtés des ballots, des selles, des brides, celle-là posées sur des troncs d'arbre, celles-ci suspendues aux branches ; des sabres rouillés se balançaient devant les tentes et les huttes ; des ustensiles de campement de toutes sortes, tels que casseroles, chaudières, haches, etc., jonchaient le sol.

Autour de grands feux, où brûlaient

des arbres entiers, des groupes d'hommes étaient assis. Ils ne cherchaient pas la chaleur, car la température n'était pas froide; ils faisaient griller des tranches de venaison, ou fumaient dans des pipes de toutes formes et de toutes dimensions. Quelques-uns fourbissaient leurs armes ou réparaient leurs vêtements.

Des sons de toutes les langues frappaient mon oreille : lambeaux entremêlés de français, d'espagnol, d'anglais et d'indien. Les exclamations se croisaient, chacune caractérisant la nationalité de ceux qui les proféraient : « *Hilloa, Dick! kung it, old hoss, whot ore ye' bout?* (Holà, Dick! accroche-moi ça, vieille rosse; qu'est-ce que tu fais donc?) » — « Sacrr....! » —

« *Carrambo!* » — « Pardieu, monsieur! » — « *By the eternal airthquake!* » (par le tremblement de terre éternel). — « *Vaya, hombre, vaya!* » — *Carojo!* » — « *By Gosh!* » — « *Santissima Maria!* » — « *Sacrrrr...!* »

On aurait pu croire que les différentes nations avaient envoyé là des représentants pour établir un concours de jurements.

Trois groupes distincts étaient formés. Dans chacun d'eux un langage particulier dominait, et il y avait une espèce d'homogénéité de costume chez les hommes qui composaient chacun de ces groupes. Le plus voisin de moi parlait espagnol : c'étaient des Mexicains. Voici, autant que je me le rappelle, la description de l'habillement de l'un d'eux :

Des *calzoneros* de velours vert, taillés à la manière des culottes de marin ; courts de la ceinture, serrés sur les hanches, larges du bas, doublés à la partie inférieure de cuir noir ornementé de filets gaufrés et de broderies ; fendus à la couture extérieure, depuis la hanche jusqu'à la cuisse ; ornés de tresses, et bordés de rangées d'aiguillettes à ferrets d'argent. Les fentes sont ouvertes, car la soirée est chaude, et laissent apercevoir les *calzoncillos* de mousseline blanche, pendant à larges plis jusqu'autour de la cheville. Les bottes sont en peau de biche tannée, de couleur naturelle. Le cuir en est rougeâtre ; le bout est arrondi, les talons sont armés d'éperons, pesant chacun une livre au moins, et garnis de molettes de trois pouces de diamètre ! Ces éperons, curieusement travaillés, sont attachés à la botte par des courroies de cuir ouvré. Des petits grelots (*campanillas*) pendent de chacune des dents de ces molettes colossales, et font entendre leur tintement, à chaque mouvement du pied. Les calzoneros ne sont point soutenus par des bretelles, mais fixés autour de la taille par une ceinture ou une écharpe de soie écarlate. Cette ceinture fait plusieurs fois le tour du corps; elle se noue par derrière, et les bouts frangés pendent gracieusement près de la hanche gauche. Pas de gilet; une jaquette d'étoffe brune brodée, juste au corps, courte par derrière, à la grecque, et laissant voir la chemise. La chemise elle-même, à large collet, brodée sur le devant, témoigne de l'habileté supérieure de quelque *poblana* à l'œil noir. Le *sombrero* à larges bords projette son ombre sur tout cet ensemble; c'est un lourd chapeau en cuir vernis noir, garni d'une large bordure en galon d'argent. Des glands, également en argent, tombent sur le côté et donnent à cette coiffure un aspect tout particulier. Sur une épaule pend le pittoresque sérapé, à moitié roulé. Un baudrier et une gibecière, une escopette sur laquelle la main est appuyée, une ceinture de cuir garnie d'une paire de pistolets de faible calibre, un long couteau espagnol suspendu obliquement sur la hanche gauche, complètent le costume que j'ai pris pour type de ma description.

A quelques menus détails près, tous les

hommes qui composent le groupe le plus rapproché de moi sont vêtus de cette manière. Quelques-uns portent des *calzoneros* de peau, avec un spencer ou pourpoint de même matière, fermé par devant et par derrière. D'autres ont, au lieu du serapé en étoffe peinte, la couverture des Navajoès avec ses larges raies noires.

D'autres laissent pendre de leurs épaules la superbe et gracieuse *manga*. La plupart sont chaussés de mocassins; un petit nombre, les plus pauvres, n'ont que le simple *guaraché*, la sandale des Astèques.

La physionomie de ces hommes est sombre et sauvage; leurs cheveux longs et raides sont noirs comme l'aile du corbeau ; des barbes et des moustaches incultes couvrent leurs visages; des yeux noirs féroces brillent sous les larges bords de leurs chapeaux. Ils sont généralement petits de taille; mais il y a dans leurs corps une souplesse qui dénote la vigueur et l'activité. Leurs membres, bien découplés, sont endurcis à la fatigue et aux privations.

Tous, ou presque tous, sont nés dans les fermes du Mexique; habitant la frontière, ils ont eu souvent à combattre les Indiens. Ce sont des *ciboleros*, des *vaqueros*, des *rancheros* et des *monteros*, qui, à force de fréquenter les montagnards, les chasseurs de races gauloise et saxonne des plaines de l'est, ont acquis un degré d'audace et de courage dont ceux de leur pays sont rarement doués. C'est la chevalerie de la frontière mexicaine.

Ils fument des cigarettes, qu'ils roulent entre leurs doigts, dans des feuilles de maïs. Ils jouent au *monte* sur leurs couvertures étendues à terre, et leur enjeu est du tabac. On entend les malédictions et les « *carajo* » de ceux qui perdent; les gagnants adressent de ferventes actions de grâces à la « *santissima virgen.* »

Ils parlent une sorte de patois espagnol; leurs voix sont rudes et désagréables.

A une courte distance, un second groupe

attire mon attention. Ceux qui le composent diffèrent des précédents sous tous les rapports : la voix, l'habillement, le langage et la physionomie. On reconnaît au premier coup d'œil des Anglo-Américains. Ce sont des trappeurs, des chasseurs de la prairie, des montagnards.

Choisissons aussi parmi eux un type qui nous servira pour les dépeindre tous.

Il se tient debout, appuyé sur sa longue carabine, et regarde le feu. Il a six pieds de haut, dans ses moccassins, et sa charpente dénote la force héréditaire du Saxon. Ses bras sont comme des troncs de jeunes chênes; la main qui tient le canon du fusil est large, maigre et musculeuse. Ses joues, larges et fermes, sont en partie cachées sous d'épais favoris qui se réunissent sous le menton et viennent rejoindre la barbe qui entoure les lèvres. Cette barbe n'est ni blonde ni noire; mais d'un brun foncé qui s'éclaircit autour de la bouche, où l'action combinée de l'eau et du soleil lui a donné une teinte d'ambre.

L'œil est gris ou gris-bleu, petit et légèrement plissé vers les coins. Le regard est ferme, et reste généralement fixe. Il semble pénétrer jusqu'à votre intérieur. Les cheveux bruns sont moyennement longs. Ils ont été coupés sans doute lors de la dernière visite à l'entrepôt de commerce, ou aux établissements; le teint, quoique bronzé comme celui d'un mulâtre, n'est devenu ainsi que par l'action du hâle. Il était autrefois clair comme celui des blonds. La physionomie est empreinte d'un caractère assez imposant. On peut dire qu'elle est belle. L'expression générale est celle du courage tempéré par la bonne humeur et la générosité.

L'habillement de l'homme dont je viens de tracer le portrait sort des manufactures du pays, c'est-à-dire de son pays à lui, la prairie et les parcs de la montagne déserte. Il s'en est procuré les matériaux avec la balle de son rifle, et l'a façonné de ses propres mains, à moins qu'il ne soit un de ceux qui, dans un de leurs moments de repos, prennent, pour partager leur hutte, quelque fille indienne, des Sioux, des Crows ou des Cheyennes.

Ce vêtement consiste en une blouse de peau de daim préparée, rendue souple comme un gant par l'action de la fumée; de grandes jambières montant jusqu'à la ceinture et des moccassins de même matière ; ces derniers, garnis d'une semelle de cuir épais de buffalo.

La blouse serrée à la taille, mais ouverte sur la poitrine et au cou, se termine par un élégant collet qui retombe en arrière jusque sur les épaules. Par dessous on voit une autre chemise de matière plus fine, en peau préparée d'antilope, de faon ou de daim fauve. Sur sa tête un bonnet de peau de rackoon (1) ornée, à

(1) Sorte de blaireau.

l'avant, du museau de l'animal, et portant à l'arrière sa queue rayée, qui retombe, comme un panache, sur l'épaule gauche.

L'équipement se compose d'un sac à balles, en peau non apprêtée de chat des montagnes, et d'une grande corne en forme de croissant sur laquelle sont ciselés d'intéressants souvenirs. Il a pour armes un long couteau, un *bowie* (lame recourbée); un lourd pistolet, soigneusement attaché par une courroie qui lui serre la taille. Ajoutez à cela un rifle de cinq pieds de long, du poids de neuf livres, et si droit que la crosse est presque le prolongement de la ligne du canon.

Dans tout cet habillement, cet équipement et cet armement, on s'est peu préoccupé du luxe et de l'élégance ; cependant la coupe de la blouse en forme de tunique n'est pas dépourvue de grâce. Les franges du collet et des guêtres ne manquent pas de style, et il y a dans le bonnet de peau de rackoon une certaine coquetterie qui prouve que celui qui le porte n'est pas tout à fait indifférent aux avantages de son apparence extérieure. Un petit sac ou sachet gentiment brodé avec des piquants bariolés de porc-épic pend sur sa poitrine.

Par moment, il le contemple avec un regard de satisfaction : c'est son porte-pipe ; gage d'amour de quelque demoiselle aux yeux noirs, aux cheveux de jais, sans doute, et habitant comme lui ces contrées sauvages. Tel est l'ensemble d'un trappeur de la montagne.

Plusieurs hommes, à peu de chose près vêtus et équipés de même, se tiennent autour de celui dont j'ai tracé le portrait. Quelques-uns portent des chapeaux rabattus de feutre gris, d'autres des bonnets de peau de chat; ceux-ci ont des blouses de chasse de nuances plus claires et brodées de plus vives couleurs; ceux-là, au contraire, en portent d'usées et rapiécées, noircies de fumée; mais le caractère général des costumes les fait aisément reconnaître; il était impossible de se tromper sur leur titre de véritables montagnards.

Le troisième des groupes que j'ai signalés était plus éloigné de la place que j'occupais. Ma curiosité, pour ne pas dire mon étonnement, avait été vivement excitée lorsque j'avais reconnu que ce groupe était composé d'*Indiens*.

— Sont-ils donc prisonniers? — pensai-je. Non; ils ne sont point enchaînés; rien dans leur apparence, dans leur attitude, n'indique qu'ils soient captifs; et cependant ce sont des Indiens. Font-ils donc partie de la bande qui combat contre......?

Pendant que je faisais mes hypothèses, un chasseur passa près de moi.

— Quels sont ces Indiens? demandai-je, en indiquant le groupe.

— Des Delawares; quelques Chauwnies.

J'avais donc sous les yeux de ces célèbres Delawares, des descendants de cette grande tribu qui, la première, sur les bords de l'Atlantique, avait livré bataille aux visages pâles. C'est une merveilleuse histoire que la leur. La guerre était l'école de leurs enfants, la guerre était leur passion favorite, leur délassement, leur profession. Il n'en reste plus maintenant qu'un petit nombre. Leur histoire arrivera bientôt à son dernier chapitre!

Je me levai et m'approchai d'eux avec

un vif sentiment d'intérêt. Quelques-uns étaient assis autour du feu, et fumaient dans des pipes d'argile rouge durcie, curieusement ciselées. D'autres se promenaient avec cette gravité majestueuse si remarquable chez l'Indien des forêts. Il régnait au milieu d'eux un silence qui contrastait singulièrement avec le bavardage criard de leurs alliés Mexicains. De temps en temps, une question articulée d'une voix basse, mais sonore, recevait une réponse courte et sentencieuse, parfois un simple bruit guttural, un signe de tête plein de dignité, ou un geste de la main; tout en conversant ainsi, ils remplissaient leurs pipes avec du *kini-kin-ik*, et se passaient, de l'un à l'autre, les précieux instruments.

Je considérais ces stoïques enfants des forêts avec une émotion plus forte que celle de la simple curiosité ; avec ce sentiment que l'on éprouve quand on regarde pour la première fois une chose dont on a entendu raconter ou dont on a lu d'étranges récits. L'histoire de leurs guerres et de leurs courses errantes était toute fraîche dans ma mémoire. Les acteurs mêmes de ces grandes scènes étaient là devant moi, ou du moins des types de leur races, dans toute la réalité, dans toute la sauvagerie pittoresque de leur individualité. C'étaient ces hommes qui, chassés de leur pays par les pionniers venus de l'Atlantique, n'avaient cédé qu'à la fatalité, victimes de la destinée de leur race.

Après avoir traversé les Apalaches, ils

avaient disputé pied à pied le terrain, de contrée en contrée, le long des pentes des Alleghants, dans les forêts des bords de l'Ohio, jusqu'au cœur de la *terre sanglante* (1). Et toujours les visages pâles étaient sur leurs traces, les repoussant, les refoulant sans trêve vers le soleil couchant. Les combats meurtriers, la foi punique, les traités rompus, d'année en année éclaircissaient leurs rangs. Et toujours refusant de vivre auprès de leurs vainqueurs blancs, ils reculaient, s'ouvrant un chemin, par de nouveaux combats, à travers des tribus d'hommes rouges comme eux, et trois fois supérieurs

(1) *Bloody Ground*. Partie du territoire de l'Ohio, ainsi nommée à cause des combats sanglants livrés aux Indiens par les premiers colons.

en nombre ! La fourche de la rivière Osage
fut leur dernière halte.

Là, l'usurpateur s'engagea de respecter
à tout jamais leur territoire. Mais cette
concession arrivait trop tard. La vie errante et guerrière était devenue pour eux
une nécessité de nature ; et, avec un méprisant dédain, ils refusèrent les travaux
pacifiques de la terre. Le reste de leur
tribu se réunit sur les bords de l'Osage ;
mais, au bout d'une saison, ils avaient
disparu. Tous les guerriers et les jeunes
gens étaient partis ne laissant sur les
territoires concédés que les vieillards, les
femmes et les hommes sans courage.

Où étaient-ils allés ? Où sont-ils maintenant? Celui qui veut trouver les Delawares doit les chercher dans les grandes prairies, dans les vallées boisées de la montagne, dans les endroits hantés par l'ours, le castor, le bighhorn et le buffalo. Là il les trouvera, par bandes disséminées, seuls ou ligués avec leurs anciens ennemis les Visages-Pâles ; trappant et chassant, combattant le Yuta ou le Rapaho, le Crow ou le Cheyenne, le Navajo ou l'Apaché.

J'étais, je le répète, profondément ému en contemplant ces hommes; j'analysais leurs traits et leur habillement pittoresque. Bien qu'on n'en vît pas deux qui fussent vêtus exactement de même, il y avait une certaine similitude de costume entre eux tous. La plupart portaient des blouses de chasse, non en peaux de daim comme celles des blancs, mais en calicot imprimé, couvertes de brillants dessins.

Ce vêtement, coquettement arrangé et orné de bordures, faisait un singulier effet avec l'équipement de guerre des Indiens. Mais c'était par la coiffure spécialement, que le costume des Delawares et des Chawnies se distinguait de celui de leurs alliés les blancs. En effet, cette coiffure se composait d'un turban formé avec une écharpe ou avec un mouchoir de couleur éclatante, comme en portent les brunes créoles d'Haïti.

Dans le groupe que j'avais sous les yeux on n'aurait pas trouvé deux de ces turbans qui fussent semblables, mais ils avaient tous le même caractère. Les plus beaux étaient faits avec des mouchoirs rayés de madras. Ils étaient surmontés de panaches composés avec les plumes brillantes de l'aigle de guerre, ou les plumes bleues du gruya (1).

Leur costume était complété par des guêtres de peau de daim et des mocassins à peu près semblables à ceux des trappeurs. Les guêtres de quelques-uns étaient ornées de chevelures attachées le long de la couture extérieure, et faisant montre des sombres prouesses de celui qui les portait. Je remarquai que leurs mocassins avaient une forme particulière, et différaient com-

(1) Sorte de petite grue bleuâtre.

plétement de ceux des Indiens des prairies. Ils étaient cousus sur le dessus, sans broderies ni ornement, et bordés d'un double ourlet.

Ces guerriers étaient armés et équipés comme les chasseurs blancs. Depuis longtemps ils avaient abandonné l'arc, et beaucoup d'entre eux auraient pu rendre des points ou disputer la mouche à leurs associés des montagnes, dans le maniement du fusil. Indépendamment du rifle et du long couteau, la plupart portaient l'ancienne arme traditionnelle de leur race, le terrible tomahawk.

J'ai décrit les trois groupes caractéristiques qui avaient frappé mes yeux dans le camp. Il y avait en outre des individus qui n'appartenaient à aucun des trois, et d'autres qui semblaient participer du caractère de plusieurs. C'étaient des Français, des voyageurs canadiens, des rôdeurs de la compagnie du nord-ouest, portant des capotes blanches, plaisantant, dansant, et chantant leurs chansons de bateliers, avec tout l'*esprit* de leur race ; c'étaient des *Pueblos*, des *Indios Manzos*, couverts de leurs gracieuses *tilmas*, et considérés plutôt comme des serviteurs que comme des associés par ceux qui les entouraient.

C'étaient des mulâtres aussi, des nègres, noirs comme du jais, échappés des plantations de la Louisiane, et qui préféraient cette vie vagabonde aux coups du fouet sifflant du commandeur. On voyait encore là des uniformes en lambeaux qui désignaient les déserteurs de quelque poste de la frontière ; des Kanakas des îles Sandwich, qui avaient traversé les déserts de la Californie, etc., etc. On trouvait enfin, rassemblés dans ce camp, des hommes de toutes les couleurs, de tous les pays, parlant toutes les langues.

Les hasards de l'existence, l'amour des aventures les avaient conduits là. Tous ces hommes plus ou moins étranges formaient la bande la plus extraordinaire qu'il m'ait jamais été donné de voir : *la bande des Chasseurs de Chevelures.*

CHAPITRE XIV

Lutte d'adresse.

J'avais regagné ma couverture, et j'étais sur le point de m'y étendre, quand le cri d'un *gruya* attira mon attention. Je levai les yeux et j'aperçus un de ces oiseaux qui volait vers le camp. Il venait par une des clairières ouvrant sur la rivière, et se tenait à une faible hauteur. Son vol paresseux et ses larges ailes appelaient un coup de fusil.

Une détonation se fit entendre. Un des Mexicains avait déchargé son escopette, mais l'oiseau continuait à voler, agitant ses ailes avec plus d'énergie, comme pour se mettre hors de portée.

Les trappeurs se mirent à rire, et une voix cria :

— Fichue bête ! est-ce que tu pourrais seulement mettre ta balle dans une couverture étendue, avec cette espèce d'entonnoir ? Pish !

Je me retournai pour voir l'auteur de

cette brutale apostrophe. Deux hommes épaulaient leurs fusils et visaient l'oiseau. L'un d'eux était le jeune chasseur dont j'ai décrit le costume, l'autre un Indien que je n'avais pas encore aperçu.

Les deux détonations n'en firent qu'une, et la grue, abaissant son long cou, tomba en tournant au milieu des arbres, et resta accrochée à une branche.

De la position que chacun d'eux occupait, aucun des tireurs n'avait pu voir que l'autre avait fait feu. Ils étaient séparés par une tente, et les deux coups étaient partis ensemble. Un trappeur s'écria :

— Bien tiré, Garey ! que Dieu assiste tout ce qui se trouve devant la bouche de ton vieux *tueur d'ours*, quand ton œil est au point de mire !

A ce moment, l'Indien faisait le tour de la tente. Il entendit cette phrase, et vit la fumée qui sortait encore du fusil du jeune chasseur ; il se dirigea vers vers lui en disant :

— Est-ce que vous avez tiré, monsieur ?

Ces mots furent prononcés avec l'accent anglais le plus pur, le moins mélangé d'indien, et cela seul aurait suffi pour exciter ma surprise si déjà mon attention n'eût été vivement éveillée sur cet homme.

—Quel est cet Indien ? demandai-je à un de mes voisins.

— Connais pas; nouvel arrivé; — fut toute la réponse.

— Croyez-vous qu'il soit étanger ici ?

— Tout juste; venu il y a peu de temps; personne ne le connaît, je crois ; si fait, pourtant; le capitaine. Je les ai vus se serrer la main.

Je regardai l'Indien avec un intérêt croissant. Il pouvait avoir trente ans environ et n'avait guère moins de sept pieds (anglais) de taille. Ses proportions vraiment apolloniennes le faisaient paraître moins grand. Sa figure avait le type romain. Un front pur, un nez aquilin, de larges mâchoires, accusaient chez lui l'intelligence aussi bien que la fermeté et l'énergie. Il portait une blouse de chasse, de hautes guêtres et des mocassins; mais tous ces vêtements différaient essentiellement de ceux des chasseurs ou des Indiens. La blouse était en peau de daim rouge, préparée autrement que les trappeurs n'ont l'habitude de le faire. Presque aussi blanche que la peau dont on fait les gants, elle était fermée sur la poitrine et magnifiquement brodée avec des piquants de porc-épic; les manches ornées de la même manière; le collet et la jupe rehaussés par une garniture d'hermine douce et blanche comme la neige. Une rangée de peaux entière de cet animal formait, tout autour de la jupe, une bordure à la fois coûteuse et remarquablement belle.

Mais ce qui distinguait le plus particulièrement cet homme, c'était sa chevelure. Elle tombait abondante sur ses épaules et flottait presque jusqu'à terre quand il marchait. Elle avait donc près de sept pieds de longueur. Noire, brillante et plantureuse, elle me rappelait la queue de ces grands chevaux flamands que j'avais vus attelés aux chars funèbres à Londres.

Son bonnet était garni d'un cercle complet de plumes d'aigle, ce qui, chez les sauvages, constitue la suprême élégance. Cette magnifique coiffure ajoutait à la majesté de son aspect.

Une peau blanche de buffalo pendait de ses épaules, et le drapait gracieusement comme une toge. Cette fourrure blanche s'harmonisait avec le ton général de l'habillement et formait repoussoir à sa noire chevelure.

Il portait encore d'autres ornements; l'éclat des métaux resplendissait sur ses armes et sur les différentes pièces de son équipement; le bois et la crosse de son fusil étaient richement damasquinés en argent.

Si ma description est aussi minutieuse, cela tient à ce que le premier aspect de cet homme me frappa tellement que jamais il ne sortira de ma mémoire. C'était le *beau idéal* d'un sauvage romantique et pittoresque ; et, de plus, chez lui rien ne rappelait le sauvage, ni son langage, ni ses manières. Au contraire, la question qu'il venait d'adresser au trappeur avait été faite du ton de la plus exquise politesse. La réponse ne fut pas aussi courtoise.

— Si j'ai tiré ? N'as-tu pas entendu le coup ? N'as-tu pas vu tomber la bête ? Regarde là-haut !

Et Garey montrait l'oiseau accroché dans l'arbre.

— Il paraît alors que nous avons tiré simultanément.

L'Indien, en disant cela, montrait son fusil, de la bouche duquel la fumée s'échappait encore.

— Voyez-vous, ça, l'Indien ! que nous ayons tiré simultanément, ou étrangèrement, ou similairement, je m'en fiche comme de la queue d'un blaireau ; mais j'ai vu l'oiseau, je l'ai ajusté, et c'est ma balle qui l'a mis bas.

— Je crois l'avoir touché aussi, — répliqua l'Indien modestement.

— J'm'en doute, avec cette espèce de joujou ! — dit Garey, — jetant un regard de dédain sur le fusil de son compétiteur, et ramenant ses yeux avec orgueil sur le canon, bronzé par le service et les intempéries, de son rifle, qu'il était en train de recharger, après l'avoir essuyé.

— Joujou, si vous voulez, — répondit l'Indien — mais il envoie sa balle plus droit et plus loin qu'aucune arme que je connaisse jusqu'à présent. Je garantis que mon coup a porté en plein corps de la grue.

— Voyez-vous ça, mossieu ! car je suppose qu'il faut appeler môsieu un gentleman qui parle si bien et qui paraît si bien élevé, quoiqu'il soit Indien. C'est bien aisé à voir qui est-ce qui a touché l'oiseau. Votre machine est du numéro 50 ou a peu près ; mon killbair (1), du 90. C'est pas dif-

(1) Killbar, pour killbear, tueur d'ours.

ficile de dire qui est-ce qui a tué la bête.
Nous allons bien voir.

Et, en disant cela, le chasseur se dirigea vers l'arbre ou le *gruya* était accroché.

— Comment vas-tu faire pour l'atteindre? — cria un des chasseurs qui s'était avancé pour être témoin de la curieuse dispute.

Garey ne répondit rien et se mit en devoir d'épauler son fusil. Le coup partit, et la branche, frappée par la balle, s'affaissa sous la charge du *gruya*. Mais l'oiseau était pris dans une double fourche et resta suspendu sur la branche brisée.

Un murmure d'approbation suivit ce coup ; et les hommes qui applaudissaient ainsi n'étaient point habitués à s'émouvoir pour peu de chose.

L'Indien s'approcha à son tour, ayant rechargé son fusil. Il visa, et sa balle, atteignit la branche au point déjà frappé, la coupa net. L'oiseau tomba à terre, au milieu des applaudissements de tous les spectateurs, mais surtout des Indiens et des chasseurs mexicains. On le prit et on l'examina ; deux balles lui avaient traversé le corps ; l'une ou l'autre aurait suffi pour le tuer.

Un nuage de mécontentement se montra sur la figure du jeune frappeur. Être ainsi égalé, dépassé, dans l'usage de son arme favorite, en présence de tant de chasseurs de tous les pays, et cela par un *Indien*, bien plus encore, avec un *fusil de clinquant*! Les montagnards n'ont aucune confiance dans les fusils à crosses ornées et brillantes. Les rifles à paillettes, disent-ils, c'est comme les rasoirs à paillettes : c'est bon pour amuser les jobards. Il était évident cependant que le rifle de l'Indien étranger avait été confectionné pour faire un bon usage.

Il fallut tout l'empire que le trappeur avait sur lui-même pour cacher son chagrin. Sans mot dire, il se mit à nettoyer son arme avec ce calme stoïque particulier aux hommes de sa profession. Je remarquai qu'il le chargeait avec un soin extrême. Évidemment, il ne voulait pas en rester là de cette lutte d'adresse, et il tenait à battre l'Indien ou à être battu par lui complètement. Il communiqua cette intention à voix basse à un de ses camarades.

Son fusil fut bientôt rechargé, et, le tenant incliné à la manière des chasseurs, il se tourna vers la foule, à laquelle on était venu se joindre de toutes les parties du camp.

— Un coup comme ça, — dit-il, — ça n'est pas plus difficile que de mettre dans un tronc d'arbre. Il n'y a pas d'homme qui ne puisse en faire autant, pour peu qu'il sache regarder droit dans son point de mire. Mais je connais une autre espèce de coup qui n'est pas si aisé ; faut savoir tenir ses nerfs.

Le trappeur s'arrêta et regarda l'Indien qui rechargeait aussi son fusil.

— Dites donc, étranger ! — reprit-il en s'adressant à lui, — avez-vous ici un camarade qui connaisse votre force ?

— Oui ! répondit l'Indien, après un moment d'hésitation...

Et ce camarade a-t-il une pleine confiance dans votre adresse ?

— Oh ! je le crois. Pourquoi me demandez-vous cela ?

— Parce que je vas vous montrer un coup que nous avions l'habitude de faire au fort de Bent, pour amuser les enfants. Ça n'a rien de bien extraordinaire comme coup; mais ça remue un peu les nerfs, faut le dire. Hé! oh! Rubbé!

— Au diable, qu'est-ce que tu veux?

Ces mots furent prononcés avec une énergie et un ton de mauvaise humeur qui firent tourner tous les yeux vers l'endroit d'où ils étaient sortis.

Au premier abord, il semblait qu'il n'y eût personne dans cette direction. Mais, en regardant avec plus de soin à travers les troncs d'arbres et les cépées, on découvrait un individu assis auprès d'un des feux. Il aurait été difficile de reconnaître que c'était un corps humain, n'eût été le mouvement des bras. Le dos était tourné du côté de la foule, et la tête, penchée du côté du feu, n'était pas visible. D'où nous étions, cela ressemblait plutôt à un tronc de cotonnier recouvert d'une peau de chevreuil terreuse qu'à un corps humain. En s'approchant et en le regardant par devant, on reconnaissait avoir à faire à un homme, très extraordinaire il est vrai, tenant à deux mains une longue côte de de daim, et la rongeant avec ce qui lui restait de dents.

L'aspect général de cet individu avait quelque chose de bizarre et de frappant.

Son habillement, si on pouvait appeler cela un habillement, était aussi simple que sauvage. Il se composait d'une chose qui pouvait avoir été autrefois une blouse de chasse, mais qui ressemblait beaucoup plus alors à un sac de peau, dont on aurait ouvert les bouts et aux côtés duquel on aurait cousu des manches. Ce sac était d'une couleur brun-sale; les manches, râpées et froncées aux plis des bras, étaient attachées autour des poignets; il était graisseux du haut en bas, et émaillé çà et là de plaques de boue ! On n'y voyait aucun essai d'ornements ou de franges. Il y avait eu autrefois un collet, mais on l'avait évidemment rogné, de temps en temps, soit pour rapiécer le reste, soit pour tout autre motif, et à peine en restait-il vestige. Les guêtres et les mocassins allaient de pair avec la blouse et semblaient sortir de la même pièce. Ils étaient aussi d'un brun sale, rapiécés, rapés et graisseux.

Ces deux parties du vêtement ne se rejoignaient pas, mais laissaient à nu une partie des chevilles qui, elles aussi, étaient d'un brun sale, comme la peau de daim. On ne voyait ni chemise, ni veste, ni aucun autre vêtement, à l'exception d'une étroite casquette qui avait été autrefois un bonnet de peau de chat, mais dont tous les poils étaient partis, laissant à découvert une surface de peau graisseuse qui s'harmonisait parfaitement avec les autres parties de l'habillement. Le bonnet, la blouse, les jambards et les mocassins, semblaient n'avoir jamais été ôtés depuis le jour où ils avaient été mis pour la première fois, et cela devait avoir eu lieu nombre d'années auparavant. La blouse ouverte laissait à nu la poitrine et le cou qui, aussi bien que la figure, les mains et les chevilles avaient pris, sous l'action du soleil et de la fumée des bivouacs, la couleur du cuivre brut. L'homme tout entier, l'habillement compris, semblait avoir été enfumé à dessein!

Sa figure annonçait environ soixante ans. Ses traits étaient fins et légèrement aquilins ; son petit œil noir vif et perçant. Ses cheveux noirs étaient coupés courts. Son teint avait dû être originairement brun, et, nonobstant, il n'y avait rien de français ou d'espagnol dans sa physionomie. Il paraissait plutôt appartenir à la race des Saxons bruns.

Pendant que je regardais cet homme vers lequel la curiosité m'avait attiré, je crus m'apercevoir qu'il y avait en lui quelque chose de particulièrement étrange, en dehors de la bizarrerie de son accoutrement. Il semblait qu'il manquât quelque chose à sa tête. Qu'est-ce que cela pouvait être ? Je ne fus pas longtemps à le découvrir. Lorsque je fus en face de lui, je vis que ce qui lui manquait, c'étaient... ses oreilles.

Cette découverte me causa une impression voisine de la crainte. Il y a quelque chose de saisissant dans l'aspect d'un homme privé de ses oreilles. Cela éveille l'idée de quelque drame épouvantable, de quelque scène terrible d'une cruelle vengeance; cela fait penser au châtiment de quelque crime affreux.

Mon esprit s'égarait dans diverses hypothèses, lorsque je me rappelai un détail mentionné par Seguin, la nuit précédente. J'avais devant les yeux, sans doute, l'individu dont il m'avait parlé. Je me sentis tranquillisé.

Après avoir fait la réponse mentionnée plus haut, cet homme singulier resta assis quelques instants, la tête entre les genoux, ruminant, marmottant et grognant comme un vieux loup maigre dont on troublerait le repas.

— Viens ici, Rubé! j'ai besoin de toi un instant, — continua Garey d'un ton presque menaçant.

— T'as beau avoir besoin de moi; l'Enfant ne se dérangera pas qu'il n'ait fini de nettoyer son os; il ne peut pas maintenant.

— Allons, vieux chien, dépêche-toi alors! — Et l'impatient trappeur, posant la crosse de son fusil à terre, attendit silencieux et de mauvaise humeur.

Après avoir marronné, rongé et grogné

quelques minutes encore, le vieux Rubé, car c'était le nom sous lequel ce fourreau de cuir était connu, se leva lentement et se dirigea vers la foule.

— Qu'est-ce que tu veux, Billye? — demanda-t-il au trappeur en allant à lui.

— J'ai besoin que tu me tiennes ça, — répondit Garey en lui présentant une petite coquille blanche et ronde à peu près de la dimension d'une montre. La terre à nos pieds était couverte de ces coquillages.

— Est-ce un pari, garçon?

— Non, ce n'est pas un pari.

— Pourquoi donc user ta poudre alors ? en as-tu trop ?

— J'ai été battu, — reprit le trappeur à voix basse, — et battu par cet Indien.

Rubé chercha de l'œil l'Indien, qui se tenait droit et majestueux, dans toute la noblesse de son plumage. Aucune apparence de triomphe ou de fanfaronnade ne se montrait sur sa figure; il s'appuyait sur son rifle dans une attitude à la fois calme et digne.

A la manière dont le vieux Rubé le regarda, on pouvait facilement deviner qu'il l'avait déjà vu auparavant, mais ailleurs que dans ce camp. Il le toisa du haut en bas, arrêta un instant les yeux sur ses pieds, et ses lèvres murmurèrent quelques syllabes inintellibles qui se terminèrent brusquement par le mot : « Coco. »

— Tu crois que c'est un Coco ? — demanda l'autre avec un intérêt marqué.

— Est-ce que tu es aveugle, Billye ? Est-ce que tu ne vois pas ses mocassins ?

— Tu as raison ; mais j'ai demeuré chez cette nation il y a deux ans, et je n'ai pas vu d'homme pareil à celui-là.

— Il n'y était pas.

— Où était-il donc ?

— Dans un pays où on ne voit guère de peaux-rouges. Il doit bien tirer : autrefois, il couvrait la mouche à tout coup.

— Tu l'as donc connu ?

— Oui, oui, à tout coup. Jolie fille, beau garçon ! — Où veux-tu que j'aille me mettre ?

Je crus voir que Garey n'aurait pas mieux demandé que de continuer la conversation. Il tendit l'oreille avec un intérêt marqué quand l'autre prononça les mots : jolie fille. Ces mots éveillaient sans doute en lui un tendre souvenir ; mais, voyant que son camarade se préparait à s'éloigner, il lui montra du doigt un sentier ouvert qui se dirigeait vers l'est, et lui répondit simplement : Soixante.

— Prends garde à mes griffes, entends-tu ? Les Indiens m'en ont déjà enlevé une, et l'enfant a besoin de ménager les autres.

Le vieux trappeur, en disant cela, fit un geste arrondi de la main droite, et je vis que le petit doigt était absent.

— As-pas peur, vieille rosse ! — lui fut-il répondu. Sans plus d'observations, l'homme enfumé s'éloigna d'un pas lent à la régularité duquel on reconnaissait qu'il mesurait la distance.

Quand il eut marqué le soixantième

pas, il se retourna et se redressa en joignant les talons ; puis il étendit son bras droit de manière que sa main fût au niveau de son épaule ; il tenait entre deux doigts la coquille dont il présentait la face au tireur :

— Allons, Billye, cria-t-il alors, — tire et tiens-toi bien.

Le coquillage était légèrement concave, et le creux était tourné de notre côté.

Le pouce et le doigt indicateur en cachaient une partie du bord sur la moitié de la circonférence, et la surface visible pour le tireur ne dépassait pas la largeur du fond d'une montre ordinaire.

C'était un émouvant spectacle ; l'on aurait tort de penser, comme quelques voyageurs voudraient le faire croire, que des faits de ce genre fussent très communs parmi les hommes de la montagne. Un coup pareil prouve doublement l'habileté du tireur, d'abord, en montrant tout l'empire qu'il sait exercer sur lui-même, et, en second lieu, par la confiance éclatante qu'un autre manifeste dans cette adresse, confiance mieux établie par une semblable preuve que par tous les serments du monde. Certes, en pareil cas, il y a au moins autant de mérite à tenir le but qu'à le toucher. Beaucoup de chasseurs consentiraient à risquer le coup, mais bien peu se soucieraient de tenir la coquille.

C'était, dis-je, un émouvant spectacle,

et je me sentais frémir en le regardant. Plus d'un frémissait comme moi ; mais personne ne tenta d'intervenir. Peu l'eussent osé, quand bien même les deux hommes se fussent disposés à tirer l'un sur l'autre. Tous deux étaient considérés, parmi leurs camarades, comme d'excellents tireurs, comme des trappeurs de premier ordre.

Garey, après avoir aspiré fortement, se planta ferme, le talon de son pied gauche oppposé et un peu en avant de son coude-pied droit. Puis, armant son fusil, il laissa tomber le canon dans la main gauche, et cria à son camarade :

— Attention, vieux rongeur d'os ; garde à toi !

Ces mots à peine prononcés, le chasseur mettait en joue. Il se fit un silence de mort ; tous les yeux étaient fixés sur le but. Le coup partit et l'on vit la coquille enlevée, brisée en cinquante morceaux ! Il y eut une grande acclamation de la foule. Le vieux Rubé se baissa pour ramasser un des fragments, et, après l'avoir examiné un moment, cria à haute voix :

— *Plumb centre !* nom d'une pipe.

Le jeune trappeur avait en effet touché au centre même de la coquille, ainsi que le prouvait la marque bleuâtre faite par la balle.

CHAPITRE XX

Un coup à la Tell.

Tous les regards se portèrent sur l'Indien. Pendant toute la scène que je viens de décrire, il était demeuré spectateur silencieux et calme, et maintenant il avait les yeux baissés vers le sol et semblait chercher quelque chose.

Un petit convolvulus, connu sous le nom de *gourde de la prairie*, était à ses pieds ; rond, de la grosseur, environ, d'une orange, et à peu près de la même couleur. Il se baissa et le ramassa.

Après l'avoir examiné, il le soupesa comme pour en calculer le poids.

Que prétend-il faire de cela? Veut-il le lancer en l'air et le traverser d'une balle pendant qu'il retombera! Quelle peut être son intention?

Chacun observe ses mouvements en silence. Presque tous les chasseurs de scalps, cinquante à soixante, sont groupés autour de lui. Seguin seul est occupé, avec le docteur et quelques hommes, à dresser une tente à quelque distance. Garey se tient de côté, quelque peu fier de son triomphe, mais non exempt d'appréhensions. Le vieux Rubé est retourné à son feu, et s'est mis en train de ronger un nouvel os.

La petite gourde paraît satisfaire l'Indien. Un long morceau d'os, un fémur d'aigle, curieusement sculpté, et percé de trous comme un instrument de musique, est suspendu à son cou.

Il le porte à ses lèvres, en bouche tous les trous avec ses doigts et fait entendre trois notes aiguës et stridentes, formant une succession étrange. Puis il laisse retomber l'instrument, et regarde à l'est dans la profondeur des bois. Les yeux de tous les assistants se portent dans la même direction. Les chasseurs, dont la curiosité est excitée par ce mystère, gardent le silence et ne parlent qu'à voix basse.

Les trois notes sont répétées comme par un écho. Il est évident que l'Indien a un compagnon dans le bois, et nul parmi ceux qui sont là ne semble en avoir connaissance, à l'exception d'un seul cependant, le vieux Rubé.

— Attention, enfants! — s'écrie celui-ci, regardant par-dessus son épaule. — Je gagerais cet os contre une grillade de bœuf que vous allez voir la plus jolie fille que vos yeux aient jamais rencontrée.

— Personne ne répond : nous sommes tous trop attentifs à ce qui va se passer.

Un bruit se fait entendre, comme celui de buissons qu'on écarte ; puis les pas d'un pied léger, et le craquement des branches sèches. Une apparition brillante se montre au milieu du feuillage : une femme s'avance à travers les arbres.

C'est une jeune fille indienne dans un costume étrange et pittoresque.

Elle sort du fourré et marche résolument vers la foule. L'étonnement et l'admiration se peignent dans tous les regards. Nous examinons tous sa taille, sa figure et son singulier costume.

Il y a de l'analogie entre ses vêtements et ceux de l'Indien auquel elle ressemble d'ailleurs sous tous les autres rapports. Sa tunique est d'une étoffe plus fine, en peau de faon, richement ornée, et rehaussée de plumes brillantes de toutes couleurs. Cette tunique descend jusqu'au milieu des cuisses et se termine par une bordure de coquillages qui s'entrechoquent, avec un léger bruit de castagnettes, à chacun de ses mouvements.

Ses jambes sont entourées de guêtres de drap rouge, bordées comme la tunique, et descendant jusqu'aux chevilles où elles rencontrent les attaches de mocassins blancs, brodés de plumes de couleur et serrant le pied dont la petitesse est remarquable.

Une ceinture de *vampum* retient la tunique autour de la taille, faisant valoir le développement d'un buste bien formé, et les courbes gracieuses d'un beau corps de femme. Sa coiffure est semblable à celle de son compagnon, mais plus petite et plus légère; ses cheveux, comme ceux de l'Indien, pendent sur ses épaules et descendent presque jusqu'à terre. Plusieurs colliers de différentes couleurs interrompent seuls la nudité de son cou, de sa gorge et d'une partie de sa poitrine.

L'expression de sa physionomie est élevée et noble. La ligne des yeux est oblique ; les lèvres dessinent une double courbure ; le cou est plein et rond. Son teint est celui des Indiens ; mais l'incarnat perce à travers la peau brune de ses joues, et donne à ses traits cette expression particulière que l'on remarque chez les quarteronnes des Indes occidentales.

C'est une jeune fille, mais arrivée à son plein développement ; c'est un type de santé florissante et de beauté sauvage.

Elle s'avance au milieu des murmures d'admiration de tous les hommes. Sous ces blouses de chasse plus d'un cœur bat qui n'est guère habitué d'ordinaire à s'occuper des charmes de la beauté.

L'attitude de Garey, en ce moment, me frappe. Sa figure est décomposée, le sang a quitté ses joues, ses lèvres sont blanches et serrées, et ses yeux s'environnent d'un cercle noir. Ils expriment la colère, et un autre sentiment encore.

Est-ce de la jalousie ? Oui !

Il s'est placé derrière un de ses camarades comme pour éviter d'être vu. Une de ses mains caresse involontairement le manche de son couteau ; l'autre serre le canon de son fusil comme s'il voulait l'écraser entre ses doigts.

La jeune fille s'approche. L'Indien lui présente la gourde, lui dit quelques mots dans une langue qui m'est inconnue. Elle prend la gourde sans faire aucune réponse et se dirige, sur l'indication qui lui en est donnée, vers la place précédemment occupée par Rubé.

Arrivée auprès de l'arbre qui marque le but, elle s'arrête et se retourne, comme avait fait le trappeur.

Il y avait quelque chose de si dramatique, de si théâtral dans tout ce qui se passait, que jusque-là nous avions tous attendu le *dénoûment* en silence. Nous crûmes comprendre alors de quoi il s'agissait, et les hommes commencèrent à échanger quelques paroles.

— Il va enlever cette gourde d'entre les doigts de la fille, — dit un chasseur.

— Ce n'est pas une grande affaire, après tout, — ajouta un autre ; et telle était l'opinion intime de la plupart de ceux qui étaient là.

— Ouache ! il n'aura pas battu Garey s'il ne fait que ça, — s'écrie un troisième.

Quelle fut notre stupéfaction lorsque nous vîmes la jeune fille retirer sa coiffure de plumes, placer la gourde sur sa tête, croiser ses bras sur sa poitrine, et se tenir en face de nous aussi calme, aussi immobile que si elle eût été incrustée dans l'arbre.

Un murmure courut dans la foule. L'Indien levait son fusil pour viser ; tout à coup un homme se précipite vers lui pour l'empêcher d'ajuster. C'est Garey.

— Non, vous ne ferez pas cela ! Non ! — crie-t-il, relevant le fusil abaissé. — Elle m'a trahi, cela est clair; mais je ne voudrais pas voir la femme qui m'a aimé autrefois, ou qui m'a dit qu'elle m'aimait, courir un pareil danger. Non! Bill Garey n'est pas homme à assister tranquillement à un semblable spectacle.

— Qu'est-ce que c'est? — s'écrie l'Indien d'une voix de tonnerre. — Qui donc ose ainsi se mettre devant moi?

— Moi, je l'ose, répond Garey. — Elle vous appartient maintenant, je suppose.

Vous pouvez l'emmener où bon vous semblera, et prendre cela aussi, ajouta-t-il en arrachant de son cou le porte-pipe brodé et le jetant aux pieds de l'Indien, — mais vous ne tirerez pas sur elle tant que je serai là pour l'empêcher.

— De quel droit venez-vous m'interompre ? Ma sœur n'a aucune crainte, et...

— Votre sœur !

— Oui, ma sœur.

— C'est votre sœur ? — demande Garey avec anxiété. Les manières et la physionomie du chasseur ont entièrement changé d'expression.

— C'est ma sœur ; je vous l'ai dit.

— Êtes-vous donc El Sol?

— C'est mon nom.

— Je vous demande pardon; mais...

— Je vous pardonne. Laissez-moi continuer.

— Oh! monsieur, ne faites pas cela. Non! non! C'est votre sœur, et je reconnais que vous avez tous droits sur elle; mais ce n'est pas nécessaire. J'ai entendu parler de votre adresse; je me reconnais battu. Pour la grâce de Dieu, ne risquez pas cela! Par l'attachement que vous lui portez, ne le faites pas!

— Il n'y a aucun danger. Je veux vous le faire voir.

— Non, non! Si vous voulez tirer, eh bien! laissez-moi prendre sa place ; je tiendrai la gourde : laissez-moi faire! — dit le chasseur d'une voix entrecoupée et suppliante.

— Holà! Billye! de quoi diable t'inquiètes-tu? — dit Rubé intervenant. — Ote-toi de là! laisse-nous voir le coup. J'en ai déjà entendu parler. Ne t'effarouche pas, nigaud! il va enlever cela comme un coup de vent, tu verras!

Et le vieux trappeur, en disant cela, prit son camarade par le bras, et le retira de devant l'Indien.

Pendant tout ce temps, la jeune fille était restée en place, semblant ne pas comprendre la cause de cette interruption. Garey lui avait tourné le dos, et la distance, jointe à deux années de séparation, l'avait sans doute empêchée de le reconnaître.

Avant que Garey eût pu essayer de s'interposer de nouveau, le fusil de l'Indien était à l'épaule et abaissé. Son doigt touchait la détente et son œil fixait le point de mire. Il était tard pour intervenir. Tout essai de ce genre eût pu avoir un résultat mortel. Le chasseur vit cela en se retournant, et, s'arrêtant soudain par un effort violent, il demeura immobile et silencieux.

Il y eut un moment d'attente terrible

pour tous; un moment d'émotion profonde. Chacun retenait son souffle; tous les yeux étaient fixés sur le fruit jaune, pas plus gros qu'une orange, ainsi que je l'ai dit. — Mon Dieu! le coup ne partira-t-il donc pas?

Il partit. L'éclair, la détonation, la ligne de feu, un hourrah effrayant, l'élan de la foule en avant, tout cela fut simultané. La boule traversée était emporté; la jeune fille se tenait debout, saine et sauve.

Je courus comme les autres. La fumée, pour un instant, m'empêcha de voir. J'entendis les notes stridentes du sifflet de l'Indien. Je regardai devant moi, la jeune fille avait disparu:

Nous courûmes vers la place qu'elle avait occupée; nous entendîmes un froissement sous le bois, et le bruit des pas qui s'éloignaient. Mais, retenus par un sentiment délicat de réserve, et craignant de mécontenter son frère, personne de nous ne tenta de la suivre.

Les morceaux de la gourde furent trouvés par terre. Ils portaient la marque de la balle qui s'était enfoncée dans le tronc de l'arbre; l'un des chasseurs se mit en devoir de l'en extraire avec la pointe de son couteau.

Quand nous revînmes sur nos pas, l'Indien s'était éloigné et se tenait auprès de Seguin, avec qui il causait familièrement.

Comme nous rentrions dans le camp, je vis Garey qui se baissait et ramassait un objet brillant. C'était son *gage d'amour* qu'il replaçait avec soin autour de son cou à la place accoutumée.

A sa physionomie et à la manière dont il le caressait de la main, on pouvait juger que le chasseur considérait ce souvenir avec plus de complaisance et de respect que jamais.

CHAPITRE XXI

De plus fort en plus fort (1).

J'étais plongé dans une sorte de rêverie, mon esprit repassait les événements dont je venais d'être témoin, quand une

(1) Dans l'original anglais, le titre de ce chapitre et celui du précédent forment un jeu de mots intraduisible. Le

voix, que je reconnus pour être celle du vieux Rubé, me tira de ma préoccupation.

— Attention, vous autres, garçons! Les coups du vieux Rubé ne sont pas à mépriser; et, si je ne fais pas mieux que cet Indien, vous pourrez me couper les oreilles.

Un rire bruyant accueillit cette allusion du trappeur à ses oreilles, dont, ainsi que je l'ai dit, il était déjà privé; elles avaient été coupées de si près qu'il ne restait plus

---

premier : *A feat a la Tell* est exactement traduit par un coup à la Tell. Le second : *A feat a la tail*, signifie littéralement : un coup à la queue. Le jeu de mots disparaissant, ce second titre perd sa valeur.

la moindre prise au couteau ou aux ciseaux.

— Comment vas-tu faire, Rubé ? — cria un des chasseurs. — Vas-tu tirer le but sur ta propre tête ?

— Attendez un peu, vous allez voir, — répliqua Rubé, se dirigeant vers un arbre, et tirant de son repos un long et lourd rifle qu'il se mit à essuyer avec soin.

L'attention se porta alors sur les mouvements du trappeur. On se mit à bâtir des conjectures sur ce qu'il voulait faire. Par quel exploit voulait-il donc éclipser le coup dont on venait d'être témoin ? Personne ne pouvait le deviner.

— Je le battrai, continua-t-il en rechargeant son fusil, — ou bien vous pourrez me couper le petit doigt de la main droite.

Un autre éclat de rire se fit entendre, car chacun pouvait voir que ce doigt lui manquait déjà.

— Oui, oui, oui, — dit-il encore, regardant en face tous ceux qui l'entouraient; — je veux être scalpé si je ne fais pas mieux que lui.

A cette dernière boutade les rires redoublèrent, car bien que le bonnet de peau de chat lui couvrît entièrement la tête, tous ceux qui étaient là savaient que le vieux Rubé avait depuis longtemps perdu la peau de son crâne.

— Mais comment vas-tu t'y prendre? Dis-nous ça, vieille rosse.

— Vous voyez bien ça, n'est-ce pas? demanda le trappeur, montrant un petit fruit du cactus *pitayaya* qu'il venait de cueillir et de débarrasser de son enveloppe épineuse.

— Oui, oui, firent plusieurs.

— Vous le voyez, n'est-ce pas? Bien. Vous voyez que ça n'est pas moitié aussi gros que la calebasse de l'Indien. Vous voyez bien, n'est-ce pas?

— Oh! certainement. Un idiot le verrait.

— Bien, supposez que j'enlève ça à soixante pas, *plumb centre*.

— La belle affaire! — s'écrièrent plusieurs voix, sur un ton de désappointement.

— Pose ça sur un bâton, et n'importe qui de nous l'enlèvera, — dit le principal orateur de la troupe. — Voilà Barney qui le ferait avec son vieux mousquet de munition. N'est-ce pas Barney?

— Certainement, en visant bien, — répondit un tout petit homme appuyé sur un mousquet et vêtu d'un uniforme en lambeaux qui avait été autrefois bleu de ciel. J'avais déjà remarqué cet individu, en partie à cause de son costume, mais plus particulièrement encore à cause de la couleur rouge de ses cheveux qui étaient les plus rouges que j'eusse jamais vus, et qui, ayant été coupés ras, selon la sévère discipline de la caserne, commençaient à repousser tout autour de sa petite tête ronde, drus, serrés, gros, et de la couleur d'une carrote épluchée. Il était impossible de se tromper sur le pays de Barney. Pour parler le langage des trappeurs, un *idiot* pouvait le dire.

Qui avait conduit là cet individu? Il ne me fut pas difficile de m'en instruire. Il avait tenu garnison, comme soldat, dans un des postes de la frontière. C'était un des *bleus-de-ciel de l'oncle Sam.* Fatigué de la viande de porc, de la pipe de terre, et des distributions trop généreuses de couenne de lard, il avait déserté. Je ne sais pas quel était son véritable nom, mais il s'était présenté sous celui de O'Cork : Barney O'Cork.

Un éclat de rire accueillit sa réponse à la question du chasseur.

— N'importe qui de nous, continua l'orateur, peut enlever cette boulette comme ça. Mais ça fait une petite différence quand on voit à travers la mire une jolie fille comme celle de tout à l'heure.

— Tu as raison, Dick, — dit un autre chasseur, — ça vous fait passer un petit frisson dans les jointures.

— Quelle céleste apparition! que de grâces! que de beauté! — s'écria le petit Irlandais, avec une vivacité et une expression qui provoquèrent de nouveaux éclats de rire.

— Pish! — fit Rubé, qui avait fini de charger, — vous êtes un tas de nigauds; v'là ce que vous êtes. Qu'est-ce qui vous parle d'un pieu? J'ajusterai sur une Squaw tout aussi bien que l'Indien, et elle ne demandera pas mieux que de porter le but pour l'Enfant; elle ne demandera pas mieux.

— Une Squaw! Toi! une Squaw?

— Oui, rosses, j'ai une *squaw* que je ne changerais pas contre deux des siennes. Je ne voudrais pas, pour rien au monde, faire seulement une égratignure à la pauvre vieille. Tenez-vous tranquilles et attendez un peu ; vous allez voir. — Ce disant, le vieux goguenard enfumé mit son fusil sur son épaule et s'enfonça dans le bois.

Moi, et quelques autres nouveaux venus qui ne connaissions par Rubé, nous crûmes vraiment qu'il avait une vieille compagne. On ne voyait aucune femme dans le camp, mais elle pouvait être quelque part dans le bois. Les trappeurs, qui le connaissaient mieux, commençaient à comprendre que le vieux bonhomme se préparait à faire quelque farce; ils y étaient habitués.

Nous ne restâmes pas longtemps en suspens. Quelques minutes après, Rubé revenait côte à côte avec sa *vieille squaw*, sous la forme d'un mustang long, maigre, décharné, osseux, et que, vu de plus près, on reconnaissait pour une jument. C'était là la *squaw* de Rubé, et, de fait, elle lui ressemblait quelque peu, excepté par les oreilles, qu'elle portait fort longues, comme tous ceux de sa race; cette race même qui avait fourni le coursier sur lequel Don Quichotte chargeait les moulins à vent. Ces longues oreilles l'auraient fait prendre pour une mule; en l'examinant attentivement, on reconnaissait un pur mustang.

Sa robe paraissait avoir été autrefois de cette couleur brun-jaunâtre que l'on désigne sous le nom de terre de Sienne; couler très commune chez les chevaux mexicains. Mais le temps et les cicatrices l'avaient quelque peu métamorphosée, et les poils gris dominaient sur tout son corps, particulièrement vers la tête et l'encolure. Ces parties étaient d'un gris-sale de nuances mélangées.

Elle était fortement poussive, et de minute en minute, sous l'action spasmodique des poumons, son dos se soulevait par saccades, comme si elle eût fait un effort impuissant pour lancer une ruade.

Son échine était mince comme un rail, et elle portait sa tête plus basse que ses épaules. Mais il y avait quelque chose dans le scintillement de son œil unique (car elle n'en avait qu'un) qui indiquait de sa part l'intention formelle de durer encore longtemps. C'était encore une bonne bête de selle.

Telle était la vieille squaw que Rubé avait promis d'exposer à sa balle. Son entrée fut saluée par de retentissants éclats de rire.

—Maintenant, regardez bien, garçons,

— dit-il en faisant halte devant la foule, — vous pouvez rire, vous pouvez rire, jaccassez et blaguez tant qu'il vous plaira! mais l'Enfant va faire un coup qui surpassera celui de l'Indien; — il le fera, — ou il n'est qu'une mazette.

Plusieurs des assistants firent observer que la chose ne leur paraissait pas impossible, mais qu'ils désiraient voir comment il s'y prendrait pour cela. Tous ceux qui le connaissaient ne doutaient pas que Rubé ne fût, comme il l'était en effet, un des meilleurs tireurs de la montagne; aussi fort peut-être que l'Indien : mais les circonstances et la manière de procéder avaient donné un grand éclat au coup précédent.

On ne voyait pas tous les jours une jeune fille comme celle-là placer sa tête devant le canon d'un fusil; et il n'y avait guère de chasseur qui se fût risqué à tirer sur un but ainsi disposé.

Comment donc Rubé allait-il s'y prendre pour faire mieux que l'Indien. Telle était la question que chacun adressait à son voisin, et qui fut enfin adressée à Rubé lui-même.

— Taisez vos mâchoires, — répondit-il, — et je vas vous le montrer. D'abord, et d'une, vous voyez tous que ce fruit que voici n'est pas moitié aussi gros que celui de l'autre?

— Oui, certainement, répondirent plusieurs voix. C'était une circonstance en sa faveur évidemment.

— Oui! oui!

— Bien; maintenant, autre chose. L'Indien a enlevé le but de dessus la tête. Eh bien, l'Enfant va l'enlever de dessus la queue. Votre Indien en ferait-il autant? Eh! garçons?

— Non! non!

— Ça l'enfonce-t-y ou ça ne l'enfonce-t-y pas?

— Ça l'enfonce! — Certainement. — C'est bien plus fort. — Hourrah! — vociférèrent plusieurs voix au milieu des convulsions de rire de tous. Personne ne contesta, car les chasseurs, prenant goût à la farce, désiraient la voir aller jusqu'au bout.

Rubé ne les fit pas longtemps languir. Laissant son fusil entre les mains de son ami Garey, il conduisit la vieille jument vers la place qu'avait occupée la jeune Indienne. Arrivé là, il s'arrêta.

Nous nous attendions tous à le voir tourner l'animal, de manière à présenter le flanc, pour mettre son corps hors d'atteinte, mais nous vîmes bientôt que ce n'était pas l'intention du vieux compagnon. En faisant ainsi, il aurait manqué l'effet, et nul doute qu'il ne se fût beaucoup préoccupé de la mise en scène.

Choisissant une place où le terrain était un peu en pente, il y conduisit le mustang, et le plaça de manière à ce que ses pieds de devant fussent en contrebas. La queue se trouvait ainsi dominer le reste du corps.

Après avoir posé l'animal bien carrément, l'arrière tourné vers le camp, il lui dit quelques mots tout bas, puis il plaça le fruit sur la courbe la plus élevée de la croupe, et revint sur ses pas.

La jument resterait-elle là sans bouger? Il n'y avait rien à craindre de ce côté. Elle avait été dressée à garder l'immobilité la plus complète pendant des périodes plus longues que celle qui lui était imposée en ce moment.

La bête, dont on ne voyait que les jambes de derrière et le croupion, car les mules lui avaient arraché tous les crins de la queue, présentait un aspect tellement risible, que la plupart des spectateurs en était à se pâmer.

— Taisez vos bêtes de rires, entendez-vous ! — dit Rubé, saisissant son fusil et prenant position. Les rires cessèrent, nul ne voulant déranger le coup.

— Maintenant, vieux *tar-guts*, ne perds pas ta charge ! — murmura le vieux trappeur en parlant à son fusil qui, un instant après, était levé puis abaissé.

Personne ne doutait que Rubé ne dût

atteindre l'objet qu'il visait. C'était un coup famillier aux tireurs de l'Ouest, que de toucher un but à soixante yards. Et certainement Rubé l'aurait fait. Mais juste au moment où il pressait la détente, le dos de la jument fut soulevé par une de ces convulsions spasmodiques auxquelles elle était sujette, et le *pitahaya* tomba à terre.

La balle était partie, et, rasant l'épaule de la bête, elle alla traverser une de ses oreilles.

La direction du coup ne put être reconnue qu'ensuite; mais l'effet produit fut immédiatement visible.

La jument, touchée en un endroit des

plus sensibles, poussa un cri presque humain ; et se retournant de bout en bout se mit à galopper vers le camp, lançant des ruades à tout ce qui se rencontrait sur son chemin.

Les cris et les rires éclatants des trappeurs, les sauvages exclamations des Indiens, les « *vayas* » et « *vivas* » des Mexicains, les jurements terribles du vieux Rubé formèrent un étrange concert dont ma plume est impuissante à reproduire l'effet.

CHAPITRE XXII

Le plan de campagne.

Peu après cet incident, je me trouvais au milieu de la *caballada*, cherchant mon cheval, lorsque le son d'un clairon frappa mon oreille. C'était pour tout le monde le signal de se rassembler, et je retournai sur mes pas.

En rentrant au camp, je vis Seguin debout près de la tente, et tenant encore le clairon à la main. Les chasseurs se groupaient autour de lui.

Ils furent bientôt tous réunis, attendant que le chef parlât.

— Camarades, — dit Seguin, — demain nous levons le camp pour une expédition contre nos ennemis. Je vous ai convoqués ici pour vous faire connaître mes intentions et vous demander votre avis.

Un murmure approbateur suivit cette annonce. La levée d'un camp est toujours une bonne nouvelle pour des hommes qui font la guerre. On peut voir qu'il en était de même pour ces bandes mélangées de guerilleros.

Le chef continua :

— Il n'est pas probable que nous ayons beaucoup à combattre. Le désert lui-même est le principal danger que nous aurons à affronter ; mais nous prendrons nos précautions en conséquence.

J'ai appris, de bonne source, que nos ennemis sont en ce moment même sur le point de partir pour une grande expédition qui a pour but le pillage des villes de Sonora et de Chihuahua.

Ils ont l'intention, s'ils ne sont pas arrêtés par les troupes du gouvernement, de pousser jusqu'à Durango. Deux tribus ont combiné leurs mouvements ; et l'on pense que tous les guerriers partiront pour le Sud, laissant derrière eux, leur contrée sans défense.

Je me propose donc, aussitôt que j'aurai pu m'assurer qu'ils sont partis, d'entrer sur leur territoire, et de pénétrer jusqu'à la principale ville des Navajoès.

— Bravo ! — Hourrah ! — *Bueno !* — Très bien ! — *Good as wheat !* (c'est pain béni !) et nombres d'autres exclamations approbatives suivirent cette déclaration.

— Quelques-uns d'entre vous connaissent mon but dans cette expédition. Dautres l'ignorent. Je veux que vous le sachiez tous. C'est de...

— Faire une bonne moisson de chevelures, quoi donc? — s'écria un rude gaillard à l'air brutal interrompant le chef.

— Non, Kirker! — répliqua Seguin, jetant sur cet homme un regard mécontent, — ce n'est pas cela, nous ne devons trouver là-bas que des femmes. Malheur à celui qui fera tomber un cheveu de la tête d'une femme indienne. Je paierai pour chaque chevelure de femme ou d'enfant épargnés.

— Quels seront donc nos profits? Nous

ne pouvons pas ramener des prisonniers ! Nous aurons assez à faire pour nous tirer tous seuls du désert, en revenant.

Ces observations semblaient exprimer les sentiments de beaucoup de membres de la troupe, qui les confirmèrent par un murmure d'assentiment.

— Vous ne perdrez rien. Tous les prisonniers que vous pourrez faire seront comptés sur le terrain, et chacun sera payé en raison du nombre qu'il en aura fait. Quand nous serons revenus, je vous en tiendrai compte.

— Oh ! alors, ça suffit, — dirent plusieurs voix.

— Que cela soit donc bien entendu ; on ne touchera ni aux femmes ni aux enfants. Le butin que vous pourrez faire vous appartient, d'après vos lois ; mais le sang ne doit pas être répandu. Nous en avons assez aux mains déjà. Vous engagez vous à cela ?

— *Yes, yes! si!* — Oui ! oui ! — *Ya, ya !* — Tous ! — *All !* — *Todos, todos !* — crièrent une multitude de voix, chacun répondant dans sa langue.

— Que celui à qui cela ne convient pas parle ?

Un profond silence suivit cet appel. Tous adhéraient au désir de leur chef.

— Je suis heureux de voir que vous êtes unanimes. Je vais maintenant vous exposer mon projet dans son ensemble. Il est juste que vous le connaissiez.

— Oui, voyons ça, dit Kirker ; — faut savoir un peu ce qu'on va faire, puisque ce n'est pas pour ramasser des scalps.

— Nous allons à la recherche de nos amis et de nos parents qui, depuis des années, sont captifs chez nos sauvages ennemis. Il y en a beaucoup parmi nous qui ont perdu des parents, des femmes, des sœurs et des filles.

Un murmure d'assentiment, sorti principalement des rangs des Mexicains, vint attester la vérité de cette allégation.

— Moi-même, — continua Seguin, et sa voix tremblait en prononçant ces mots, moi-même, je suis de ce nombre. Bien des années, de longues années se sont écoulées depuis que mon enfant, ma fille, m'a été volée par les Navajoès. J'ai acquis tout dernièrement la certitude qu'elle est encore vivante, et qu'elle est dans leur capitale, avec beaucoup d'autres captives blanches. Nous allons donc les délivrer, les rendre à leurs amis, à leurs familles.

Un cri d'approbation sortit de la foule :

Bravo! nous les délivrerons, vive le capitaine, *viva el gefé!*

Quand le silence fut rétabli, Seguin continua :

— Vous connaissez le but, vous l'approuvez. Je vais maintenant vous faire connaître le plan que j'ai conçu pour l'atteindre, et j'écouterai vos avis.

Ici le chef fit une pause ; les hommes demeurèrent silencieux et dans l'attente.

— Il y a trois passages, — reprit-il enfin, — par lesquels nous pouvons pénétrer dans le pays des Indiens, en partant d'ici.

Il y a d'abord la route du *Puerco* de l'ouest. Elle nous conduirait directement aux villes des Navajoès.

— Et pourquoi ne pas prendre cette route? — demanda un des chasseurs mexicains; — je connnais très bien le chemin jusqu'aux villes des Pecos.

— Parce que nous ne pourrions pas traverser les villes des Pecos sans être vus par les espions des Navajoès. Il y en a toujours de ce côté. Bien plus, — continua Seguin, avec une expression qui correspondait à un sentiment caché, — nous n'aurions pas atteint le haut Del-Norte, que les Navajoès seraient instruits de notre approche. Nous avons des ennemis tout près de nous.

— *Carrai!* c'est vrai, — dit un chasseur, parlant espagnol.

— Qu'ils aient vent de notre arrivée, et, quand bien même leurs guerriers seraient partis pour le Sud, vous pensez bien que notre expédition serait manquée.

— C'est vrai, c'est vrai, — crièrent plusieurs voix.

— Pour la même raison, nous ne pouvons pas prendre la passe de *Polvidera*. En outre, dans cette saison, nous aurions peu de chance de trouver du gibier sur ces deux routes. Nous ne sommes pas approvisionnés suffisamment pour une expédition pareille. Il faut que nous trouvions un pays giboyeux avant d'entrer dans le désert.

— C'est juste, capitaine ; mais il n'y a guère de gibier à rencontrer en prenant par la vieille mine. Quelle autre route pourrons-nous donc suivre?

— Il y a une autre route meilleure que toutes celles-là, à mon avis. Nous allons nous diriger vers le sud, et ensuite vers l'ouest à travers les *Llanos* (1) de la vieille mission. De là nous remonterons vers le nord, et entrerons dans le pays des Apachès.

— Oui, oui, c'est le meilleur chemin, capitaine.

(1) Prononcez *Lianos*.

— Notre voyage sera un peu plus long, mais il sera plus facile. Nous trouverons les troupeaux de buffalos ou de bœufs sauvages sur les *Llanos*. De plus nous pourrons choisir notre moment avec sûreté, car en nous tenant cachés dans les montagnes du *Pinon*, d'où l'on découvre le Sentier de guerre des Apachès, nous verrons passer nos ennemis. Quand ils auront gagné le sud, nous traverserons le Gila, et nous remonterons l'Azul ou le Prieto. Après avoir atteint le but de notre expédition, nous reviendrons chez nous par le plus court chemin.

— Bravo! — *Viva!* — C'est bien cela, capitaine! — C'est là le meilleur plan! — Tous les chasseurs approuvèrent. Il n'y eut pas une seule objection. Le mot *Prieto* avait frappé leur oreille comme une musique délicieuse. C'était un mot magique : le nom de la fameuse rivière dans les eaux de laquelle les légendes des trappeurs avaient placé depuis longtemps l'*Eldorado*, la *Montagne-d'Or*. Plus d'une histoire sur cette région renommée avait été racontée à la lueur des feux de bivouac des chasseurs ; toutes s'accordaient sur ce point que l'or se trouvait là en rognons à la surface du sol, et couvrait de ses grains brillants le lit de la rivière. Souvent des trappeurs avaient dirigé des expéditions vers cette terre inconnue, très peu, disait-on, avaient pu y arriver. On n'en citait pas un seul qui en fût revenu.

Les chasseurs entrevoyaient, pour la première fois, la chance de pénétrer dans cette région avec sécurité, et leur imagination se remplissait des visions les plus fantastiques. Beaucoup d'entre eux s'étaient joints à la troupe de Seguin dans l'espoir qu'un jour ou l'autre cette expédition pourrait être entreprise, et qu'ils parviendraient ainsi à la *Montagne-d'Or*. Quelle fut donc leur joie lorsque Seguin déclara son intention de se diriger vers le Prieto! A ce nom, un bourdonnement significatif courut à travers la foule, et les hommes se regardèrent l'un l'autre avec un air de satisfaction.

— Demain donc, nous nous mettrons en marche, — ajouta le chef. — Allez maintenant et faites vos préparatifs. Nous partons au point du jour.

Aussitôt que Seguin eut fini de parler les chasseurs se séparèrent; chacun se mit en devoir de rassembler ses nippes, besogne bientôt faite, car les rudes gaillards étaient fort peu encombrés d'équipages.

Assis sur un tronc d'arbre j'examinai pendant quelque temps les mouvements de mes farouches compagnons, et prêtai l'oreille à leurs babéliens et grossiers dialogues.

Le soleil disparut et la nuit se fit, car, dans ces latitudes, le crépuscule ne dure qu'un instant. De nouveaux troncs d'arbres furent placés sur les feux et lancèrent bientôt de grandes flammes.

Les hommes s'assirent autour, faisant cuire de la viande, mangeant, fumant, causant à haute voix, et riant aux histoires de leurs propres hauts faits.

L'expression sauvage de ces physionomies était encore rehaussée par la lumière. Les barbes paraissaient plus noires, les dents brillaient plus blanches, les yeux semblaient plus enfoncés, les regards plus perçants et plus diaboliques. Les costumes pittoresques, les turbans, les chapeaux espagnols, les plumes, les vêtements mélangés; les escopettes et les riffles posés contre les arbres; les selles à hauts pommeaux, placées sur des troncs d'arbres et sur des souches; les brides accrochées aux branches inférieures; des guirlandes de viande séchée disposées en festons devant les tentes, des tranches de venaison encore fumantes et laissant perler leurs gouttes de jus à moitié coagulé; tout cela formait un spectacle des plus curieux et des plus attachants.

On voyait briller, dans la nuit, comme des taches de sang, les couches de vermillon étendues sur les fronts des guerriers indiens. C'était un peinture à la fois sauvage et belliqueuse; belliqueuse, mais présentant un aspect de férocité qui soulevait le cœur non accoutumé à un tel spectacle.

Une semblable peinture ne pouvait se rencontrer que dans un bivouac de guerillos, de brigands, de *chasseurs d'hommes*.

CHAPITRE XXIII

El Sol et la Luna.

— Venez, — dit Seguin en me touchant le bras, — notre souper est prêt, je vois le docteur qui nous appelle.

Je me rendis avec empressement à cette

invitation, car l'air frais du soir avait aiguisé mon appétit.

Nous nous dirigeâmes vers la tente devant laquelle un feu était allumé. Près de ce feu, le docteur, assisté par Godé et un péon Pueblo, mettait la dernière main à un savoureux souper, dont une partie avait été déjà transportée sous la tente. Nous suivîmes les plats, et prîmes place sur nos selles, nos couvertures et nos ballots qui nous servaient de siéges.

— Vraiment, docteur, — dit Seguin, — vous avez fait preuve ce soir d'un admirable talent comme cuisinier. C'est un souper de Lucullus.

— Oh! mon gabitaine, ch'ai vait de mon

mieux ; M. Cauté m'a tonné un pon goup te main.

— Eh bien ! M. Haller et moi nous ferons honneur à vos plats. Attaquons-les.

— Oui, oui! bien, monsieur Capitaine, — dit Godé arrivant, tout empressé, avec une multitude de viandes. Le Canadien était dans son élément toutes les fois qu'il y avait beaucoup à cuire et à manger.

Nous fûmes bientôt aux prises avec de tendres filets de vache sauvage, des tranches rôties de venaison, des langues séchées de buffalo, des tortillas et du café.

Le café et les tortillas étaient l'ouvrage du Pueblo, qui étaient le professeur de Godé dans ces sortes de préparations.

Mais Godé avait un plat de choix, un *petit morceau* en réserve, qu'il apporta d'un air tout triomphant.

— Voici, messieurs! — s'écria-t-il en le posant devant nous.

— Qu'est-ce que c'est, Godé?

— Une fricassée, monsieur.

— Fricassée de quoi?

— De grenouilles : ce que les Yankees appellent *Bou-Frog* (grenouilles-bœuf)...

— Une fricassée de *Bull frogs?*

— Oui, oui, mon maître. En voulez-vous?

— Non, je vous remercie.

— J'en accepterai, monsieur Godé, — dit Seguin.

— *Ich, ich!* mons Godé; les crénouilles sont très pons mancher. — Et le docteur tendit son assiette pour être servi.

Godé, en suivant le bord de la rivière, était tombé sur une mare pleine de grenouilles énormes, et cette fricassée était le produit de sa récolte. Je n'avais point encore perdu mon antipathie nationale pour les victimes de l'anathème de Saint Patrick, et, au grand étonnement du voyageur, je refusai de prendre part au régal.

Pendant la causerie du souper, je recueillis sur l'histoire du docteur quelques détails qui, joints à ce que j'en avais appris déjà, m'inspirèrent pour ce brave naturaliste un grand intérêt.

Jusqu'à ce moment, je n'aurais pas cru qu'un homme de ce caractère pût se trouver dans la compagnie de gens comme les chasseurs de scalps. Quelques détails qui me furent donnés alors m'expliquèrent cette anomalie.

Il s'appelait Keichter, Friedrich Reichter. Il était de Strasbourg, et avait exercé la médecine avec succès dans cette cité des cloches. L'amour de la science, et particulièrement de la botanique, l'avait entraîné bien loin de sa demeure des bords du Rhin. Il était parti pour les États-Unis ; de là il s'était dirigé vers les régions les plus reculées de l'ouest, pour faire la classification de la flore de ces pays perdus. Il avait passé plusieurs années dans la grande vallée du Mississipi ; et, se joignant à une des caravanes de Saint-Louis, il était venu à travers les prairies jusqu'à l'oasis du New-Mexico.

Dans ses courses scientifiques le long du Del-Norte, il avait rencontré les chasseurs de scalps, et, séduit par l'occasion qui s'offrait à lui de pénétrer dans les régions inexplorées jusqu'alors par les amants de la science, il avait offert de suivre la bande. Cette offre avait été acceptée avec empressement, à cause des services qu'il pouvait rendre comme médecin; et, depuis deux ans, il était avec eux, partageant leurs fatigues et leurs dangers.

Il avait traversé bien des aventures périlleuses, souffert bien des privations, poussé par l'amour de son étude favorite, et, peut-être aussi par les rêves du triomphe que lui vaudrait un jour, parmi les savants de l'Europe, la publication d'une flore inconnue. Pauvre Reichter! pauvre Friedrich Reichter! c'était le rêve d'un rêve; il ne devait pas s'accomplir.

Notre souper se termina enfin, et le dessert fut arrosé par une bouteille de vin d'El Paso. Le camp en était abondamment pourvu, ainsi que de whisky de Taos ; et les éclats joyeux qui nous venaient du dehors prouvaient que les chasseurs faisaient une large consommation de cette dernière liqueur. Le docteur sortit sa grande pipe, Godé remplit un petit fourneau en terre rouge, pendant que Seguin et moi nous allumions nos cigarettes.

— Mais, dites-moi, — demandai-je à Seguin, — quel est cet Indien ? Celui qui a exécuté ce terrible coup d'adresse sur...

— Ah ! El Sol ; c'est un Coco.

— Un Coco ?

— Oui, de la tribu des Maricopas.

— Mais cela ne m'en apprend pas plus qu'auparavant. Je savais déjà cela.

— Vous saviez cela ? qui vous l'a dit ?

— J'ai entendu le vieux Rubé le dire à à son ami Garey.

— Ah ! c'est juste ; il doit le connaître.

Et Seguin garda le silence.

— Eh bien ? repris-je, désirant en savoir davantage, — qu'est-ce que c'est que les

Maricopas? Je n'ai jamais entendu parler d'eux.

— C'est une tribu très peu connue; une nation singulièrement composée. Ils sont ennemis des Apaches et des Navajoès. Leur pays est situé au-dessous du Gila. Ils viennent des bords du Pacifique, des rives de la mer de Californie.

— Mais cet homme a reçu une excellente éducation, à ce qu'il paraît du moins. Il parle anglais et français aussi bien que vous et moi. Il paraît avoir du talent, de l'intelligence, de la politesse. En un mot, c'est un gentleman.

— Il est tout ce que vous avez dit.

— Je ne puis comprendre...

— Je vais vous l'expliquer, mon ami. Cet homme a été élevé dans une des plus célèbres universités de l'Europe. Il a été plus loin encore dans ses voyages, et a parcouru plus de pays différents, peut-être, qu'aucun de nous.

— Mais comment a-t-il fait ? Un Indien !

— Avec le secours d'un levier qui a souvent permis à des hommes sans valeur personnelle (et El Sol n'est pas du nombre de ceux-là) d'accomplir de très grandes choses, ou tout au moins de se donner l'air de les avoir accomplies, avec le secours de l'or.

— De l'or? et où donc a-t-il pris tout cet or? J'ai toujours entendu dire qu'il y en avait très peu chez les Indiens. Les blancs les ont dépouillés de tout celui qu'ils pouvaient avoir autrefois.

— Cela est vrai, en général, et vrai pour les Maricopas en particulier... Il fut une époque où ils possédaient de l'or en quantités considérables, et des perles aussi, recueillies au fond de la mer Vermeille. Toutes ces richesses ont disparu. Les révérends pères jésuites peuvent dire quel chemin elles ont pris.

— Mais cet homme? El Sol?

— C'est un chef. Il n'a pas perdu tout son or. Il en a encore assez pour ses besoins ; et il n'est pas de ceux que les *Padres* puissent enjôler avec des chapelets ou du vermillon. Non ; il a vu le monde, et a appris à connaître toute la valeur de ce brillant métal.

— Mais sa sœur a-t-elle reçu la même éducation que lui?

— Non ; la pauvre Luna n'a pas quitté la vie sauvage ; mais il lui a appris beaucoup de choses. Il a été absent plusieurs années, et, depuis peu seulement il a rejoint sa tribu.

— Leurs noms sont étranges : *Le Soleil!* *la Lune!*

— Ils leur ont été donnés par les Espagnols de Sonora; mais ils ne sont que la traduction de leurs noms indiens. Cela est très commun sur les frontières.

— Comment sont-ils ici?

Je fis cette question avec un peu d'hésitation, pensant qu'il pouvait y avoir quelque particularité sur laquelle on ne pouvait me répondre.

— En partie, — répondit Seguin, — par reconnaissance envers moi, je suppose. J'ai sauvé El Sol des mains des Narvajoès quand il était enfant. Peut-être y a-t-il encore une autre raison. Mais attendez, continua-t-il, semblant vouloir détourner la conversation, — vous ferez connaissance avec mes amis Indiens. Vous allez être compagnons pendant un certain temps. C'est un homme instruit ; il vous intéressera. Prenez garde à votre cœur avec la charmante Luna. —Vincent! Allez à la tente du chef Coco, priez-le de venir prendre un verre d'El Paso avec nous. Dites-lui d'amener sa sœur avec lui.

Le serviteur se mit rapidement en marche à travers le camp. Pendant son absence, nous nous entretînmes du merveilleux coup de fusil tiré par l'Indien.

— Je ne l'ai jamais vu tirer, — dit Seguin, — sans mettre sa balle dans le but. Il y a quelque chose de mystérieux dans une telle adresse. Son coup est infaillible, et il semble que la balle obéisse à sa volonté. Il faut qu'il y ait une sorte de principe dirigeant dans l'esprit, indépendant de la force des nerfs et de la puissance de la vue. Lui et un autre sont les seuls à qui je connaisse cette singulière puissance.

Ces derniers mots furent prononcés par Seguin comme s'il se parlait à lui-même ; après les avoir prononcés, il garda quelques moments le silence, et parut rêveur.

Avant que la conversation eût repris, El Sol et sa sœur entrèrent dans la tente, et Seguin nous présenta l'un à l'autre. Peu d'instants après, El Sol, le docteur Seguin et moi étions engagés dans une conversation très animée.

Nous ne parlions ni de chevaux, ni de fusils, ni de scalps, ni de guerre, ni de sang, ni de rien de ce qui avait rapport à la terrible dénomination du camp. Nous discutions un point de la science essentiellement peu guerrière de la botanique : les rapports de famille des différentes espèces de cactus !

J'avais étudié cette science, et je reconnus que j'en savais moins à cet égard que chacun de mes trois interlocuteurs. Je fus frappé de cela sur le moment, et encore plus, lorsque j'y réfléchis plus tard, du simple fait qu'une telle conversation eût pris place entre nous, dans ce lieu, au milieu des circonstances qui nous environnaient.

Deux heures durant, nous demeurâmes tranquillement assis, fumant et causant de sujets du même genre.

Pendant que nous étions ainsi occupés, j'observais, à travers la toile, l'ombre d'un homme. Je regardai dehors, ce que ma position me permettait de faire sans me lever, et je reconnus, à la lumière qui sortait de la tente, une blouse de chasse avec un porte-pipe brodé, pendant sur la poitrine.

La Luna était assise près de son frère, cousant des semelles épaisses à une paire de mocassins. Je remarquai qu'elle avait l'air préoccupé, et de temps en temps jetait un coup d'œil hors de la tente. Au plus fort de notre discussion, elle se leva silencieusement, quoique sans aucune apparence de dissimulation, et sortit.

Un instant après, elle revint, et je vis luire dans ses yeux la flamme de l'amour, quand elle se remit à son ouvrage.

El Sol et sa sœur nous quittèrent enfin, et peu après, Seguin, le docteur et moi, roulés dans nos sérapés, nous nous laissions aller au sommeil.

CHAPITRE XXIV

Le sentier de la guerre.

La troupe était à cheval à l'aube du jour, et, avant que la dernière note du clairon se fût éteinte, nos chevaux étaient dans l'eau, se dirigeant vers l'autre bord de la rivière. Nous débouchâmes bientôt des bois qui couvraient le fond de la vallée, et nous entrâmes dans les plaines sablonneuses qui s'étendent à l'ouest vers les montagnes des Mimbres. Nous coupâmes à travers ces plaines dans la direction du sud, gravissant de longues collines de sable qui s'allongeaient de l'est à l'ouest. La poussière était amoncelée en couches épaisses, et nos chevaux enfonçaient jusqu'au fanon. Nous traversions alors la partie ouest de la *Jornada*.

Nous marchions en file indienne. L'habitude a fait prévaloir cette disposition parmi les Indiens et les chasseurs quand ils sont en marche. Les passages resserrés des forêts et les défilés étroits des montagnes n'en permettent pas d'autre. Et même, lorsque nous étions en pays plat, notre cavalcade occupait une longueur de près d'un quart de mille. L'*atajo* (1) suivait sous la conduite des *arrieros*.

Nous fîmes notre première journée sans nous arrêter. Il n'y avait ni herbe ni eau sur notre route, et une halte sous les rayons ardents du soleil n'aurait pas été de nature à nous rafraîchir.

De bonne heure dans l'après-midi, une ligne noire, traversant la plaine, nous apparut dans le lointain. En nous en rapprochant, nous vîmes un mur de verdure devant nous, et nous reconnûmes un bois de cotonniers. Les chasseurs le signalè-

(1) Convoi des mules de bagages.

rent comme étant le bois de Paloma. Peu après, nous nous engagions sous l'ombre de ces voûtes tremblantes, et nous atteignions les bords d'un clair ruisseau où nous établîmes notre halte pour la nuit.

Pour installer notre campement, nous n'avions plus ni tentes ni cabanes; les tentes dont on s'était servi sur le Del-Norte avaient été laissées en arrière et cachées dans le fourré. Une expédition comme la nôtre exigeait que l'on ne fût pas encombré de bagages. Chacun n'avait que sa couverture pour abri, pour lit et pour manteau.

On alluma les feux et l'on fit rôtir la viande. Fatigués de notre route (le premier jour de marche à cheval, il en est toujours ainsi), nous fûmes bientôt enveloppés dans nos couvertures et plongés dans un profond sommeil.

Le lendemain matin, nous fûmes tirés du repos par les sons du clairon qui sonnait le *réveil*. La troupe avait une sorte d'organisation militaire, et chacun obéissait aux sonneries, comme dans un régiment de cavalerie légère.

Après un déjeûner lestement préparé et plus lestement avalé, nos chevaux furent détachés de leurs piquets, sellés, enfourchés, et à un nouveau signal nous nous mettions en route.

Les jours suivants ne furent marqués

par aucun incident digne d'être remarqué. Le sol stérile était était, çà et là, couvert de sauge sauvage et de *mezquite*.

Il y avait aussi des massifs de cactus et d'épais buissons de créosote qui exhalaient leur odeur nauséabonde au choc du sabot de nos montures. Le quatrième soir nous campions près d'une source, l'*Ojo de Vaca*, située sur la frontière orientale des Llanos.

La grande prairie est coupée à l'ouest par le *sentier de guerre* des Apachès, qui se dirige au sud vers Sonora. Près du sentier, et le commandant, une haute montagne s'élève et domine au loin la plaine. C'est le Pinon.

Notre intention était de gagner cette montagne et de nous tenir cachés au milieu des rochers près d'une source bien connue, jusqu'à ce que nos ennemis fussent passés. Mais, pour cela faire, il fallait traverser le sentier de guerre, et nos traces nous auraient dénoncés. C'était une difficulté que Seguin n'avait pas prévue. Le Pinon était le seul point duquel nous pussions être certains de voir passer nos ennemis sans en être aperçus. Il fallait donc atteindre cette montagne, et comment le faire sans traverser le sentier qui nous en séparait?

Aussitôt notre arrivée à l'*Ojo de Vaca*, Seguin réunit les hommes en conseil pour délibérer sur cette grave question

— Déployons-nous sur la prairie, — dit un chasseur, — et restons très écartés les uns des autres jusqu'à ce que nous ayons traversé le sentier de guerre des Apachès. Ils ne feront pas attention à quelques traces disséminées çà et là, je le parie.

— Ouais, compte là-dessus ; — reprit un autre ; — croyez-vous qu'un Indien soit capable de rencontrer une piste de cheval sans la suivre jusqu'au bout ? Cela est impossible.

— Nous pouvons envelopper les sabots de nos chevaux, pour le temps de la traversée, suggéra l'homme qui avait déjà parlé.

— Ah ! ouiche ; ça serait encore pire.

J'ai essayé de ce moyen-là une fois, et j'ai bien failli y perdre ma chevelure. Il n'y a qu'un Indien aveugle qui pourrait être pris à cela. Il ne faut pas nous y risquer.

— Ils ne sont pas si vétilleux quand ils suivent le sentier de la guerre, je vous le garantis. Et je ne vois pas pourquoi nous ne nous contenterions pas de ce moyen.

La plupart des chasseurs parurent être de l'avis du second. Les Indiens, pensèrent-ils, ne pourraient manquer de remarquer un si grand nombre de traces de sabots enveloppés, et de flairer quelque chose dans l'air. L'idée de tamponner les pieds des chevaux fut donc abandonnée. Mais que faire ?

Le trappeur Rubé, qui jusque-là n'avait rien dit, attira sur lui l'attention générale par cette exclamation : — Pish !

— Eh bien ! qu'as-tu à dire, vieille rosse ? — demanda un des chasseurs.

— Que vous êtes un tas de fichues bêtes, tous tant que vous êtes. Je ferais passer autant de chevaux qu'il en pourrait tenir dans cette prairie à travers le sentier des Paches sans laisser une trace que l'Indien le plus fin puisse suivre, et particulièrement un Indien marchant à la guerre, comme ceux qui vont passer ici.

— Comment ? — demanda Seguin.

— Je vous dirai comment, capitaine, si

vous voulez me dire quel besoin vous avez de traverser le chemin.

— Mais, c'est pour nous cacher dans les gorges du Pinon ; voilà tout.

— Et comment rester cachés dans le Pinon sans eau ?

— Il y a une source sur le côté, au pied de la montagne.

— C'est vrai comme l'Écriture. Je sais très bien cela ; mais les Indiens viendront remplir leurs outres à cette source quand ils passeront pour se rendre dans le sud. Et comment prétendez-vous aller auprès de cette source avec toute cette cavalerie sans laisser de traces? Voilà ce que l'Enfant ne comprend pas bien clairement.

— Vous avez raison, Rubé. Nous ne pouvons pas approcher de la source du Pinon sans laisser nos traces, et il est évident que l'armée des Indiens fera halte ici.

— Je ne vois rien de mieux à faire pour nous, que de traverser la prairie. Nous pourrons chasser des bisons, jusqu'à ce qu'ils soient passés. Ainsi, dans l'idée de l'Enfant, il suffit qu'une douzaine de nous se cachent dans le Pinon, et surveillent le passage de ces moricauds. Une douzaine peut faire cela avec sûreté, mais pas un régiment tout entier de cavalerie.

— Et les autres : les laisserez-vous ici?

— Non, pas ici. Qu'ils s'en aillent au nord-est, et coupent, à l'ouest, les hauteurs des Mesquites. Il y a là un ravin, à peu près à vingt milles de ce côté du sentier de guerre. Là, ils trouveront de l'eau et de l'herbe, et pourront rester cachés jusqu'à ce qu'on aille les prévenir.

— Mais pourquoi ne pas rester ici auprès de ce ruisseau, où il y a aussi de l'eau et de l'herbe à foison.

— Parce que, capitaine, il pourrait bien arriver qu'un parti d'Indiens prît lui-même cette direction. Et je crois que nous ferions bien de faire disparaître toutes les traces de notre passage avant de quitter cette place.

La force des raisonnements de Rubé frappa tout le monde, et principalement Seguin qui résolut de suivre entièrement ses avis. Les hommes qui devaient se mettre en observation furent choisis, et le reste de la bande, avec l'*atajo*, prit la direction du nord-est, après que l'on eut enlevé toutes les traces de notre séjour auprès du ruisseau.

La grande troupe se dirigea vers les monts Mesquites, à dix ou douze milles au nord-ouest du ruisseau. Là ils devaient rester cachés près d'un cours d'eau bien connu de la plupart d'entre eux, et attendre jusqu'à ce qu'on vînt les chercher pour nous rejoindre.

Le détachement d'observation, dont je faisais partie, se dirigea à l'ouest à travers la prairie.

Rubé, Garey, El Sol et sa sœur, plus Sanchez, un ci-devant toréador, et une demi-douzaine d'autres composaient ce détachement, placé sous la direction de Seguin lui-même.

Avant de quitter l'Ojo de Vaca, nous avions déferrés nos chevaux et rempli les trous des clous avec de la terre, afin que leurs traces pussent être prises pour celles des mustangs sauvages. Cette précaution était nécessaire, car notre vie pouvait dépendre d'une seule empreinte de fer de cheval.

En approchant de l'endroit où le sentier de guerre coupait la prairie, nous nous écartâmes à environ un demi-mille les uns des autres. De cette façon, nous nous dirigeâmes vers le Pinon, près duquel nous nous réunîmes de nouveau, puis nous suivîmes le pied de la montagne en inclinant vers le nord.

Le soleil baissait quand nous atteignîmes la fontaine après avoir couru toute la journée pour traverser la prairie. La position de la source nous fut révélée par un bouquet de cotonniers et de saules. Nous évitâmes de conduire nos chevaux près de l'eau ; mais ayant gagné une gorge dans l'intérieur de la montagne, nous nous y engageâmes et prîmes notre cachette dans un massif de pins-noyers (*nutpine*), où nous passâmes la nuit.

Aux premières lueurs du jour, nous fîmes une reconnaissance des lieux.

Devant nous était une arête peu élevée couverte de rochers épars et de pins-noyers disséminés. Cette arête formait la séparation entre le défilé et la plaine. De son sommet, couronné par un massif de pins, nous découvrions l'eau et le sentier, et notre vue atteignait jusqu'aux Llanos qui s'étendaient au nord, au sud et à l'est. C'était justement l'espèce d'observatoire dont nous avions besoin pour l'occasion.

Dès cette matinée, il devint nécessaire de descendre pour faire de l'eau. Dans ce but, nous nous étions munis d'un double baquet de mule et d'outres supplémentaires. Nous allâmes à la source, et remplîmes tous nos vases, ayant soin de ne laisser aucune trace de nos pas sur la terre humide.

Toute la journée nous fîmes faction, mais pas un Indien ne se montra. Les daims et les antilopes, une petite troupe de buffalos, vinrent boire à une des branches du ruisseau, et retournèrent ensuite aux verts pâturages. Il y avait de quoi tenter des chasseurs, car il nous était facile de les approcher à portée de fusil; mais nous n'osions pas les tirer. Nous savions que les chiens des Indiens seraient mis sur la piste par le sang répandu.

Sur le soir, nous retournâmes encore à la provision d'eau, et nous fîmes deux fois le voyage, car nos animaux commençaient à souffrir de la soif. Nous prîmes les mêmes précautions que la première fois.

Le lendemain, nos yeux restèrent anxieusement fixés sur l'horizon, au nord. Seguin avait une petite lunette d'approche, et nous pouvions découvrir la prairie jusqu'à une distance de près de trois milles ; mais l'ennemi ne se montra pas plus que la veille.

Le troisième jour se passa de même, et nous commencions à craindre que les ennemis n'eussent pris un autre sentier.

Une autre circonstance nous inquiétait : nous avions consommé presque toutes nos provisions, et nous nous voyions réduits à manger crues les noix du Pinon. Nous n'osions pas allumer du feu pour les faire griller. Les Indiens reconnaissent une fumée à d'énormes distances.

Le quatrième jour arriva, et rien ne troubla encore la tranquillité de l'horizon, au nord. Nos provisions étaient épuisées, et la faim commençait à nous mordre les entrailles. Les noix ne suffisaient point pour l'apaiser. Le gibier abondait à la source et sur la prairie. Quelqu'un proposa de se glisser à travers les saules et de tirer une antilope ou un daim rayé. Ces animaux se montraient par troupeaux tout autour de nous.

— C'est trop dangereux, — dit Seguin, leurs chiens sentiraient le sang. Cela nous trahirait.

— Je puis vous en procurer un sans verser une goutte de sang, — reprit un chasseur mexicain.

— Comment cela? — demandâmes-nous tous ensemble.

L'homme montra son lasso.

— Mais vos traces? Vos pieds feront de profondes empreintes dans la lutte.

— Nous pourrons les effacer, capitaine, — répondit le chasseur.

— Essayez donc, — dit le chef consentant.

Le Mexicain détacha le lasso de sa selle, et, prenant avec lui un compagnon, se dirigea vers la source. Ils se glissèrent à travers les saules et se mirent en embuscade. Nous les suivions du regard du haut de la crête.

Ils n'étaient pas là depuis un quart d'heure, que nous vîmes un troupeau d'antilopes s'approcher, venant de la plaine. Elles se dirigeaient droit à la source, se suivant à la file, et furent bientôt tout près des saules où les chasseurs s'étaient embusqués. Là, elles s'arrêtèrent tout à coup, levant leurs têtes et reniflant l'air. Elles avaient senti le danger ; mais il était trop tard pour celle qui était en avant.

— Voilà le lasso parti, — cria l'un de nous.

Nous vîmes le nœud traversant l'air et tombant sur le chef de file. Le troupeau fit volte-face, mais la courroie était enroulée autour du cou du premier de la bande, qui, après deux ou trois bonds, tomba sur le flanc et demeura sans mouvement.

Le chasseur sortit du bouquet de saules, et, chargeant l'animal mort sur ses épaules, revint vers l'entrée du défilé. Son compagnon suivait, effaçant les traces du chasseur et les siennes propres. Au bout de quelques instants ils nous avaient rejoints. L'antilope fut dépouillée et mangée crue, toute saignante.

. . . .

Nos chevaux, affamés et altérés, maigrissaient à vue d'œil. Nous n'osions pas aller trop souvent à l'eau, bien que notre prudence se relâchât à mesure que le temps se passait. Deux autres antilopes furent prises au lasso par l'habile chasseur.

La nuit qui suivit le quatrième jour était éclairée par une lune brillante. Les Indiens marchent souvent au clair de la lune, et particulièrement quand ils suivent le Sentier de la guerre. Nous avions des védettes aussi bien la nuit que le jour, et, cette nuit-là, nous exerçâmes une surveillance avec meilleur espoir que précédemment.

C'était une si belle nuit! pleine de lune, calme et pure.

Notre attente ne fut point trompée.

Vers minuit, la sentinelle nous éveilla. On distinguait au nord des formes noires se détachant sur le ciel. Ce pouvaient être des buffalos. Ces objets s'approchaient de nous.

Chacun de nous se tient le regard tendu au loin sur le tapis d'herbe argentée, et cherche à percer l'atmosphère. Nous voyons briller quelque chose : ce sont des armes, sans doute, — des chevaux, — des cavaliers, — ce sont les Indiens!

— Oh! Dieu! camarades, nous sommes fous! et nos chevaux, s'ils allaient hennir?...

Nous nous précipitons à la suite de notre chef en bas de la colline, à travers les rochers et les arbres, nous courons au fourré, où nos animaux sont attachés. Peut-être il est trop tard, car les chevaux s'entendent les uns les autres à plusieurs milles de distance, et le plus léger bruit se transmet au loin à travers l'atmosphère tranquille de ces hauts plateaux. Nous arrivons près de la Caballada. Que fait Seguin? Il a détaché la couverture qui est à l'arrière de la selle, et il enveloppe la tête de son cheval.

Nous suivons son exemple, sans échanger une parole, car nous comprenons qu'il n'y a pas autre chose à faire.

Au bout de quelques minutes, nous

avons reconquis notre sécurité, et nous remontons à notre poste d'observation.

. . . .

Nous nous y étions pris à temps, car, en atteignant le sommet, nous entendîmes les exclamations des Indiens, les *thoump*, *thoump* des sabots sur le sol résistant de la plaine ; de temps en temps un hennissement annonçant que leurs chevaux sentaient l'approche de l'eau. Ceux qui étaient en tête se dirigeaient vers la source ; et nous aperçumes la longue ligne des cavaliers s'étendant jusqu'au point le plus éloigné de l'horizon.

Il s'approchèrent encore, et nous pûmes distinguer les banderolles et les pointes brillantes de leurs lances. Nous voyions aussi leurs corps demi-nus luire aux rayons de la lune.

Au bout de quelques instants, ceux qui étaient en tête atteignaient les buissons, faisaient halte, laissaient boire leurs animaux, puis, faisant demi-tour, gagnaient le milieu de la prairie au trot, et là, sautant à terre, déharnachaient leurs chevaux.

Il devenait évident que leur intention était de camper là pour la nuit.

Pendant près d'une heure, ils défilèrent ainsi, jusqu'à ce que deux cents guerriers fussent réunis dans la plaine sous nos yeux.

Nous observions tous leurs mouvements. Nous ne craignions pas d'être vus. Nos corps étaient cachés derrière les rochers et nos figures masquées par le feuillage des arbres du Pinon. Nous pouvions facilement voir et entendre tout ce qui se passait, les sauvages n'étant pas à plus de trois cents yards de notre poste.

Ils commencent par attacher leurs chevaux à des piquets disposés en un large cercle, au loin dans la plaine. Là, l'herbe est plus longue et plus épaisse que dans le voisinage de la source. Ils détachent et rapportent avec eux les harnais, composés de brides en crin, de couvertes en cuir de buffalo, et de peaux d'ours gris. Peu d'entre eux ont des selles. Les Indiens n'ont pas l'habitude de s'en servir dans les expéditions de guerre.

Chaque homme plante sa lance dans le sol, et place, auprès de son bouclier, son arc et son carquois. Il étend à côté une couverture de laine, ou une peau de bête, qui lui sert à la fois de tente et de lit.

Les lances, bien alignées sur la prairie, y forment un front de plusieurs centaines de yards, et en un instant leur camp est formé avec une promptitude et une régularité à faire honte aux plus vieilles troupes.

Leur camp est divisé en deux parties,

correspondant à deux bandes : celle des Apachès et celle des Navajoès. La dernière est, de beaucoup, la moins nombreuse, et se trouve la plus éloignée, par rapport à nous.

Nous entendons le bruit de leur tomahawks attaquant les arbres du fourré au pied de la montagne, et nous les voyons retourner vers la plaine, chargés de fagots qu'ils empilent et qu'ils allument.

Un grand nombre de feux brillent bientôt dans la nuit. Les sauvages s'asseoient autour et font cuire leur souper. Nous pouvons distinguer les peintures dont sont ornés leurs visages et leurs poitrines nues. Il y en a de toutes les couleurs : les uns sont peints en rouge, comme s'ils étaient barbouillés de sang; d'autres en noir de jais. Ceux-ci ont la moitié de la figure peinte en blanc et l'autre moitié en rouge ou en noir.

Ceux-là sont marqués comme des chiens de chasse, d'autres sont rayés et zébrés. Leurs joues et leurs poitrines sont tatouées de figures d'animaux : de loups, de panthères, d'ours, de buffalos, et d'autres hideux hiéroglyphes, vivement éclairés par l'ardente flamme du bois de pin. Quelques-uns portent une main rouge peinte sur le cœur; un grand nombre étalent comme devise des têtes de morts ou des os en croix.

Chacun d'eux a adopté un symbole

correspondant à son caractère. Ce sont des écussons où la fantaisie joue le même rôle que dans le choix des armoiries que l'on voit sur les portières des voitures, sur les boutons des livrées, ou sur la médaille de cuivre du facteur de magasin.

La vanité est de tous les pays, et les sauvages, comme les civilisés, ont aussi leurs hochets.

Mais qu'est-ce donc? des casques brillants, de cuivre et d'acier, avec des plumes d'autruche! Une telle coiffure à des sauvages! Où ont-ils pris cela?

Aux cuirassiers de Chihuahua. Pauvres diables, tués dans quelque rencontre avec ces lanciers du désert.

La viande saignante crépite au feu sur des broches de bois de saule, les Indiens placent des noix du Pinon sous les cendres, et les en retirent grillées et fumantes; ils allument leur pipe de terre durcie, et lancent en l'air des nuages de fumée.

Ils gesticulent en se racontant les uns aux autres leurs sanglantes aventures. Nous les entendons crier, causer et rire comme de vrais saltimbanques. Combien sont-ils différents des Indiens de la forêt !

Pendant deux heures, nous suivons tous leurs mouvements et nous les écoutons. Enfin les hommes qui doivent garder les chevaux sont choisis et se dirigent vers la *caballada*; des Indiens, l'un après l'autre, étendent leurs peaux de bêtes, s'enroulent dans leurs couvertures et s'endorment.

Les flammes cessent de briller, mais, à la lueur de la lune nous pouvons distinguer les corps couchés des sauvages. Des formes blanches se meuvent au milieu d'eux ; ce sont les chiens quêtant après les débris du souper. Ils courent çà et là, grondant l'un après l'autre, et aboyant aux coyotes qui rôdent à la lisière du camp.

Plus loin, sur la prairie, les chevaux sont encore éveillés et occupés. Nous entendons le bruit de leurs sabots frappant le sol et le craquement de l'herbe touffue, sous leurs dents. D'espace en espace nous apercevons la forme droite d'un homme debout : ce sont les sentinelles de la cavallada.

FIN DU DEUXIÈME VOLUME.

TABLE

Des chapitres du deuxième volume.

—

			Pages
Chap.	XIII.	Amour.	1
—	XIV.	Lumière et ombre.	21
—	XV.	Une autobiographie.	43
—	XVI.	Le haut Del Norte.	77
—	XVII.	Géographie et géologie.	99
—	XVIII.	Les chasseurs de chevelures.	123
—	XIX.	Lutte d'adresse	155
—	XX.	Un coup à la Tell.	189
—	XXI.	De plus fort en plus fort.	209
—	XXII.	Le plan de campagne.	231
—	XXIII.	El Sol et la Luna.	251
—	XXIV.	Le sentier de la guerre.	271

Fin de la table du deuxième volume.

Fontainebleau. — Imp. de E. Jacquin.

EN VENTE CHEZ LES MÊMES ÉDITEURS

ADIEUX AU MONDE
MÉMOIRES
DE CÉLESTE MOGADOR
8 volumes.

Ces Mémoires sont la vie d'une femme que tout le monde connaît. La vie de cette femme, devenue grande dame, est racontée par elle-même, dans tous ses détails, sans mystères, sans voile, sans restrictions à titre d'enseignement aux pauvres filles abandonnées de la fortune et de leurs parents.

Cet ouvrage est complètement inédit, et n'a paru dans aucun journal.

LA DAME AUX PERLES
Par Alex. DUMAS, fils. — 4 vol.

On se souvient de l'immense succès de la **Dame aux Camélias**; M. Alexandre Dumas, fils, a donné un pendant à son chef-d'œuvre en écrivant la **Dame aux Perles**. Ce n'est plus seulement un roman de jeunesse, c'est une étude du cœur humain dans ses replis les plus secrets.

HEURES DE PRISON
Par madame LAFARGE (née Marie Capelle). — 4 vol.

Le nom seul de madame Lafarge dit ce qu'est cet ouvrage. Quelle que soit l'opinion que l'on se soit faite sur elle, qu'on la croie innocente ou coupable, il est impossible de rester indifférent à ces récits entraînants où la magie du style s'unit à la force des pensées.

DU SOIR AU MATIN
Par A. DU CASSE. — 1 vol.

Initier les personnes qui n'ont jamais fait partie de l'armée à quelques habitudes de la vie militaire, rappeler à ceux qui ont été soldats quelques souvenirs de garnison, retracer pour ceux qui sont encore au service quelques scènes de leur vie intime, amuser un peu tout le monde, voilà quel est le but de ce livre.

LES
PETITS-FILS DE LOVELACE
Par Amédée ACHARD. — 3 volumes.

Les qualités qui distinguent cette œuvre placent M. Amédée Achard au rang de nos romanciers de premier ordre. C'est un de ces drames effrayants de la vie du grand monde dont Balzac nous a, le premier, révélé les mystères.

Fontainebleau, imp. de E. Jacquin.

www.ingramcontent.com/pod-product-compliance
Lightning Source LLC
Chambersburg PA
CBHW071329150426
43191CB00007B/664